严　复

（1854—1921）

福建历史文化名人丛书

福建省社会科学界联合会 编

中国近代思想文化史上里程碑式的巨人

王岗峰 编著

海峡出版发行集团 THE STRAITS PUBLISHING & DISTRIBUTING GROUP | 福建人民出版社 FUJIAN PEOPLE'S PUBLISHING HOUSE

图书在版编目（CIP）数据

严复：中国近代思想文化史上里程碑式的巨人/王岗峰编著.--福州：福建人民出版社，2016.4（2020.11重印）
（福建历史文化名人丛书）
ISBN 978-7-211-07344-3

Ⅰ.①严… Ⅱ.①王… Ⅲ.①严复（1853～1921）－生平事迹 Ⅳ.①K825.1

中国版本图书馆CIP数据核字（2016）第040098号

严复
YANFU
——中国近代思想文化史上里程碑式的巨人

作　　者：王岗峰
责任编辑：陈　宽
出版发行：福建人民出版社　　**电　　话：**0591-87604366(发行部)
网　　址：http://www.fjpph.com　　**电子邮箱：**fjpph7211@126.com
地　　址：福州市东水路76号　　**邮　　编：**350001
经　　销：福建新华发行（集团）有限责任公司
印　　刷：福建省金盾彩色印刷有限公司
地　　址：福州市金山浦上工业区D区24幢
开　　本：700毫米×1000毫米　1/16
印　　张：8.5
字　　数：101千字
版　　次：2016年4月第1版　　2020年11月第2次印刷
书　　号：ISBN 978-7-211-07344-3
定　　价：25.00元

总 序

李 红

社会科学承载着“认识世界、传承文明、创新理论、咨政育人、服务社会”的重要功能，是人类赖以传承的精神支柱。近年来，福建省各级各部门认真贯彻《福建省社会科学普及条例》，社会科学普及工作扎实开展、稳步推进，通过举办全省社科普及宣传周、建立社科普及基地、开办社科普及讲坛等社科普及咨询平台载体，其制度化、常态化、大众化工作取得了明显成效。

习近平总书记指出，文化是民族生存和发展的重要力量，中华优秀传统文化已经成为中华民族的基因，植根在中国人内心，潜移默化地影响着中国人的思维方式和行为方式。福建文化是中华文化中极富特色的一部分，深度融入了中国文化的进程，展现出突破陈规、积极进取、兼容并包、锐意创新的胸襟和气魄。向大众传播福建优秀的历史文化知识，是福建省社科普及工作的重要内容。以接福建地气、讲福建故事、塑福建形象、续福建文脉的姿态编辑出版的“福建历史文化名人丛书”，既较为全面地展示了福建文化深厚的历史底蕴和丰富的人文精神，也为福建当下的社会文化建设提供了有益的资鉴。“福建历史文化名人丛书”所包含的朱熹、林则徐、严复、陈嘉庚等人物传记，记录了福建文化之于中国历史的影响，同时也以人物史的叙述方式生动地展现出中国人文精神的风骨和传统文化的传承。

今天，我们提倡和弘扬社会主义核心价值观，必须从中华优秀传统文化中汲取丰富营养，否则就会缺乏生命力和影响力。“福建历史文化名人丛书”记录了福建历史文化人物的价值观践行轨迹，重温了这批福建历史文化乃至中国历史文化史上重要人物的生命历程，以浅显晓畅、通俗易懂的叙述方式讲述了中华优秀传统文化传承的当代意义，开辟了社会科学知识进入千家万户的新路子。

“最忆市桥灯火静，巷南巷北读书声。”一套好的社会科学普及丛书，总是能带动起读书的风气。将学习作为一种追求、爱好和健康的生活方式，也是“福建历史文化名人丛书”所期望实现的目标。在文字中领略福建地域文化魅力，在阅读中传承传统文化养分，在感悟中提升人文道德情操，社会科学普及丛书的出版，可谓正当其时。

（作者系福建省人民政府原副省长，福建省政协原副主席）

目 录

岐陽嚴氏宗祠
出悌
入孝
嚴復紀念館

第一章

故乡阳岐

严复出生于福州南台。他的故乡阳岐村风光优美，人杰地灵，曾为繁荣的港口。自从他祖先迁来福建在此居住后，这里成为福建严姓人家的起源。

福州，美丽的山水之城，有福之州。

两千多年深厚的文化传统，千年海上丝绸之路传来的海洋文化气息，共同孕育出无数英雄豪杰、文人墨客。尤其在近现代，这种文化积淀终于集中爆发：林则徐开启了中国近代史新篇章，左宗棠实现林则徐遗愿开办福州船政，沈葆桢主政船政，培养出以严复为代表的我国第一代近现代的精英。

据严复大儿子严璩为父亲写的年谱记载，严复于清咸丰三年农历十二月初十(1854年1月8日)，出生于福州南台。严复在族谱上的名字叫传初。在他投考马尾船政学堂时改名为宗光，字又陵。1889年，当他任天津水师学堂会办后，又改名复，字几道。

故居“大夫第”

严复的始祖严怀英的原籍是河南固始县，唐僖宗光启元年（885年），黄巢义军将领王绪占领河南光州，王潮、王审知、王审邽三兄弟带固始五千乡民追随义军入闽。严怀英以朝议大夫的身份随王潮到福建

福州旧影

来，在侯官阳岐乡（现福州市仓山区阳岐村）落脚。在上岐地带盖了幢房子，称为“大夫第”。祖父严秉符是个医生，因为他“精诣仁心”，在家乡很有名望。父亲严振先继承父业，在南台苍霞洲行医。

南台苍霞洲和南台阳岐村在古代都是福州最重要的水上交通枢纽，一个是福州北港，另一个是福州南港。福州有着得天独厚的优美自然环境：闽江从城中穿过，城在山水中，山水在城中。闽江的流域面积虽然只有福建省面积的一半，但它的流量居然超过中国第二大河、流经九个省份的黄河。

南台岛是闽江江中岛，面积比厦门岛稍微大些，它把闽江分为白龙江和乌龙江。南台苍霞洲在白龙江江畔，隔江相望的便是著名的妇幼保护神临水夫人陈靖姑祈雨处——南台岛的龙潭角。阳岐村在乌龙江畔，对岸是闽侯县南屿镇和南通镇。永泰县的大樟溪从两镇中流过，汇入乌龙江，与闽江会合。高盖山的余脉鳌头山、玉屏山、李坨山、伯仲山、崎角山等与闽江相辉映，形成一幅美丽的图画。阳岐与湾边相连，唐宋时是船舶从泉州、兴化、福清和永泰进入福州的重要港口。近代，台江码头和苍霞洲繁荣起来，逐渐取代了阳岐。阳岐居民主要有陈、朱、郭、周等姓，严虽是小姓，但不得了。一是它是福建全省严氏的发源地；二是出了中国近代第一位思想家严复。因此，谈阳岐离不开严复。

阳岐严复故居

严复先祖严怀英认为，阳岐山多灵石，水无浊流，天然明秀，为人文荟萃之乡，所以就在这里住下。祖屋“大夫第”在伯仲山麓、阳岐河边，渡口码头近在眼前，这是一处风水宝地。严复曾在一首诗中写道：

门前一泓水，潮至势迟迟。

何当伯仲山，风帆收一一。

诗中说明门前河水是受海潮调节，描写当时岸边山林，远近江河，伯仲山上望小舟竞渡，风光明媚。

如今的“大夫第”虽然没有了往日的气派，但明代建筑风格犹存。进入大门后依次是天井、大厅、后厅。大厅两边是厢房，天井两边是披榭。

严氏祠堂

阳岐严氏祠堂始建于1691年，1988年重修。它占地572平方米，坐东向西，为二进结构，依山而建，前厅开阔，现在被辟为严复生平陈列室，展出了近百幅介绍严复生平事迹的资料图。后堂建于高台上，

阳岐严氏祠堂

设灵位。一是祭祀先祖庄光。东汉明帝时，因明帝叫刘庄，庄光避讳改姓严，名光，字子陵，就是光武帝刘秀的患难之交严子陵，这是阳岐严姓之始。二是祭祀入闽始祖严怀英，福建严姓寻根问祖，都要追溯到阳岐。到了严复这一辈，已经是阳岐严氏第27世了。

午 桥

阳岐河从村中流过，受乌龙江潮汐调节。从上岐到下岐，阳岐浦上有一座宋代石桥，名叫“午桥”，桥栏板刻的“午桥古迹”传说为蔡襄所写，石桥至今依然是村民与外界来往的重要通道。可以想象当时阳岐作为福州重要港口的繁荣景象。过了午桥，就来到玉屏山庄。

玉屏山庄

玉屏山庄因建于玉屏山上而得名，是现在福州少有的规模较大而且保护比较好的近代建筑，有1万多平方米，它是由福州著名的显赫家族叶氏后裔叶大庄所建。叶大庄既是诗人，也是官员。从他的五世祖叶观国开始，这里出过12位进士，而且是“五世八翰林”。叶观国故居在福州著名历史文化街区三坊七巷的文儒坊，占地约2000平方米。他还曾于福州鼓楼区法海路建过一座“翰林府”。晚年又在乌石山东北麓买了别墅，重修后名为“双榕书屋”，即现在的邓拓故居。三坊七巷南后街还有叶氏的第六代、第五世翰林叶在琦故居，也是全国重点文物保护单位。

玉屏山庄

玉屏山庄四周是用灰砖垒成的高墙，围墙内是连片构筑的深宅大院，其中有叶大庄的住宅及藏书楼，还有花园、假山等，风景秀丽，环境清幽。叶大庄的藏书多达5万卷。

1898年，叶大庄病逝于邳州知州任上，叶氏家道中落，为了生计，藏书大部分被家人典当或卖掉。叶氏后人还将房屋、花园等陆续卖给一些经商人家。百年间，玉屏山庄数易其主。现在这里面积最大的一座房子主人姓游，祖先当年是做木材生意的，发家之后选择在此安家。

光绪十九年（1893年），严复返回福州参加秋试，曾与叶大庄结伴从上海回乡，居住在叶大庄的玉屏山庄。1918年底买了玉屏山庄的一座房子，作为他第三个儿子严琥（严叔夏）的新房。严琥于1919年1月1日在这里迎娶了台湾林幕兰小姐。林幕兰是末代帝师陈宝琛的外甥女。

陈文龙尚书祖庙

晚年的严复在1918年底及1919年初，曾两度到供奉民族英雄陈文龙的尚书祖庙行香，并为倡议重修尚书庙作募捐启事，还主持了重修工程。海军名将萨镇冰、福建督军李厚基等福建著名人士、乡绅纷纷响应，共筹集到10万银两。这是一种对老百姓的民间信仰的积极引导。

陈文龙原籍莆田，他是南宋状元，曾官至参知政事（相当于副宰相）。他与文天祥等大臣竭力拯救国家危亡，最后固守兴化城，兵败被俘。他的母亲、女儿、弟弟、弟媳、族叔等也为抗元斗争先后殉难，称得上满门忠烈。陈文龙被俘后被元军押送北上，途经临安(今杭州），绝食而死，葬于杭州西湖边北山，后人把他与同葬于西湖的岳飞、于谦合称为“西湖三忠肃”。陈文龙就义后被尊为神灵，明代崇祯和清代康熙、乾隆年间，朝廷曾三次敕封陈文龙为“水部尚书”，并加封“镇海王”。成为民众心目中的“水上保护神”。阳岐的陈文龙尚书庙是祖庙，阳岐村临江边建有码头，古时莆仙一带商贾要进入省城的船舶多停泊于此，热闹异常，所以这里被称为兴化道。明洪武年间（1368—1398年），在兴化道旁大松树的浓荫下建起一座小庙坛，奉祀海上女神妈祖和抗元英雄陈文龙。这个小庙坛的遗址至今犹

陈文龙尚书祖庙

存。明天启七年（1627年）阳岐村民、水上居民和莆仙一带在省城的商贾，开始将原庙宇移到阳岐村凤鸣山下，新建陈文龙庙。这座庙从明代开始，历代奉旨举行祭祀典礼。重修后的庙宇面积达3800多平方米，气势恢宏。

陈文龙庙里有大量的名人题刻，文化价值很高。庙正中门额石刻“尚书祖庙”为严复手迹。庙门口两副石柱联也是严复撰写的，正面一副是：

入我门来，总须扪心纳手，细检生平黑籍；

莫言神远，任汝穷奸极巧，难瞒头上青天。

侧面一副是：

千万家饭羹鱼香，惟神之赐；

百余乡风清魔伏，为民所依。

从这两副对联中可以看出，严复是在迎合老百姓的宗教信仰需求，劝人去恶向善。

殿宇里众多的石柱联和匾额，为严复、陈宝琛、郑孝胥、萨镇冰、李厚基、严琥等著名历史人物手笔，十分珍贵。其中严复的《阳崎（岐）陈文龙祠大柱联语》写道：

守官诚死封疆，此义岂共和而可废。是宋代忠贞，若论殉国从容，垂七百载英声，何愧文陆？

保民乃登祀典，惟公为社会所同依。有陶江祠宇，长祝在兹陟降，俾千万年浩气，永奠欧闽。

此联表达他对文天祥、陆秀夫式的英雄人物陈文龙的景仰，以及百姓求其保佑社会安定平安的愿望。

严复还写了《阳崎（岐）陈文龙祠戏台联语》：

更何分苍鹘参军，粉墨千场皆假面。

莫但看乌纱牙笏，衣冠一代几完人。

戏如人生，人生如戏，当官的有几个完人？这样越发体现出陈文龙爱

国主义精神的可贵。

几对联语，可以看出严复针对百姓信仰需求修庙、力求保存中华优秀文化的苦心。

严复墓

严复墓在阳岐村北鳌头山上，坐西向东，三层墓埕，墓柱为金瓜顶，飞龙盘柱。两侧立卷书石围屏，上刻有梅、雀、松鹤等图案。这座墓是在清宣统二年(1910年)，由严复长子严伯玉为父母选择并监造的，严复亲手书写墓碑“清侯官严几道先生之寿域”，以及横屏“惟适之安”。1921年，严复逝世后葬于此。1922年，早年去世的妻子王氏灵柩，也移到这里安葬。

严复墓

旅居美国的严复长孙女严倚云曾出资重新修复原墓。年年清明时节，严复宗亲都会来扫墓，在台湾的严复孙女严倬云也在2004年和2010年前来祭扫。严倬云和妹妹严停云出生在三坊七巷的郎官巷，严倬云是台湾知名妇女运动领袖，严停云是著名文学家。严倬云丈夫辜振甫是台湾知名企业家、首任海峡交流基金会董事长，两次“汪辜会谈”，打破了海峡两岸关系坚冰，为两岸关系发展作出重要贡献。除了严复宗亲，年年还有福州的文化人、解放军官兵、学生和普通老百姓前来扫墓。

第二章

少年励志

严复小时候向国学大师学习，后来因为家道中落，不得已终止了学业。这时正好赶上新建的马尾船政学堂招生，他以第一名的成绩考入，在后学堂学习驾驶。在此期间，他勤奋努力，打下了坚实的理论和实践基础。

师从福建宿儒黄宗彝等人

严复的父亲严振先有较深的国学造诣，后来弃儒从医，成为当地医术高明、为人宽厚、享有声望的中医。据严复孙女严停云回忆，当时南台岛有64乡，没人不知道严振先的大名，乡人遇有疑难杂症，都来找他。严振先每天出诊，路上都会经过一座石桥，贫苦的病人常聚集在那儿等候施诊。他的轿子到了之后便在广场旁停下，马上出轿为众人一一诊视。这后来成了惯例，他每天得在桥头花费好一段时间。病人如有无力买药的，他便代付药款，有还就收，没还也不索讨。所以行医多年，收入不多，甚至有时候维持家计都困难，别说积蓄了。母亲陈氏是平民之女，勤劳朴素，善于耕作和做女红。严复有两位幼妹，本来还有一位长兄，不幸幼年夭折。位于苍霞州的寓所是严振先的“医生馆”，一家五口都住在馆里。

严振先行医之余，亲自教严复读书。严复7岁时才进私塾。9岁时，回阳岐乡上他的胞叔举人严厚甫的私塾。严厚甫为人不苟言笑，所教内容是《大学》《中庸》等书，教育方式很古板，严复在这里感觉很压抑。

在严复11岁那年，父亲令他回福州，师从当地名儒黄宗彝。黄宗彝字少岩，研究学问汉宋并重，他主要教严复宋元明三朝理学家的生平和思想。当时严复家住在楼上，楼下晚上常演戏，每逢这时，黄少岩就让严复就寝，等到戏剧结束后，再将他叫醒，挑灯夜读，常年如此。老夫子有腰酸背痛的毛病，课余要抽鸦片镇痛。他常常一管烟枪在手，歪斜在床榻上，一面吞云吐雾，一面讲故事给学生听。严复就搬一把小椅子贴近榻旁，睁大一双亮晶晶的眼，聚精会神地聆听老师讲述明儒学案。黄少岩所授内容不限于经书，他著有《闽方言》等书，满脑子明代东林掌故。东林党人不畏权奸、刚正不阿的气节与傲

“拔贡生”是地方州、县推荐一名去国子监学习的优秀学生，每6年或12年才选出一名。经朝考合格，可充任京官、知县或教职。

骨，及“天下兴亡、匹夫有责”的胸怀与气度，令严复肃然起敬，激起了他强烈的爱国主义情感。

严复13岁时，黄少岩去世，病危时推荐他的儿子拔贡生黄增来（字孟修）接替他。

1866年春，刚满14岁的严复秉承父母之命，与同邑王氏结婚。同年8月，严振先因抢救霍乱病人不幸被传染，不治身亡。从此，严复家道中落，不再从师，科举入仕的道路也就从此中断了。

一家五口——14岁的严复和他少妻、两个妹妹——仅靠他母亲打工，在苍霞洲的寓所是待不下去了，于是一家人迁回阳岐故乡。他们坐着小船，渡过水流湍急的白龙江，再沿小河摇摇晃晃，一直到夜深人静才到家。

那个时候，在家乡上岐的祖屋“大夫第”已经住进了许多亲戚，人满为患，只有隔墙外面有三间小而破旧的木屋，那原是堆放杂物的地方，严复的叔叔们同意整理出两间供他们一家人居住。事实上，严复在辈分上是长子长孙，正屋理应有他的住处。当时有打抱不平的亲戚朋友们要支持严复争回这项权利，但严复认为，有屋子可以让他一家人晚上歇息，并有一张书桌可供他读书写字，也就可以了，他不愿意因自己的缘故把已住在那儿的族亲赶出去。于是就安于那两间小木屋，靠母亲和妻子为人绣花、缝纫所得的微薄收入度日。

1914年10月，62岁的严复写了一首诗回顾当时的悲惨情景：

我生十四龄，阿父即见背。
家钱有质券，赙钱不充债。
陟冈则无兄，同谷歌有妹。

《诗·魏风·陟岵》云："陟彼冈兮，瞻望兄兮。"后因此以"陟冈"作为怀念兄弟的典故。《同谷七歌》是杜甫在安史之乱时期写的一首七言组诗，真实记录了诗人一家困居同谷时艰苦的生活。

慈母于此时，十指作耕耒。
上掩先人骸，下养儿女大。
富贵生死间，饱阅亲知态。
门户支已难，往往遭无赖。
五更寡妇苦，闻者坠心肺。

严复在这首诗中以"陟冈""同谷"的典故说明当时没有兄长作为家里的顶梁柱，只能与幼妹悲歌，靠寡母做女红艰难养家糊口的情况。也说了遭无赖的欺负、初阅世态炎凉的经历。

严复成名后，那条祖屋和木屋外的小弄道被称为"几道巷"。20世纪20年代末，严复二伯父严恭治之孙严家驺在严复住过的木屋之处，新建了一座中西合璧的二层洋楼。

求学马尾船政学堂

1866年冬，洋务派大臣左宗棠在福建设马尾船政局，并办船政学堂，分为制造、驾驶前后学堂，这个机遇改变了严复的命运。为什么左宗棠会在福建设马尾船政局？这要从严复的乡贤林则徐谈起。

林则徐是中国近代"开眼看世界第一人"。他认识到要学习西方，首先要了解西方。1841年8月，林则徐在流放新疆的途中，在镇江的京口巧遇好友魏源，林则徐把鸦片战争期间由他主持编译的《四洲志》和搜集到的一部分外国资料交给了魏源，魏源进一步搜集研究外国的资料，编撰了88万字的《海国图志》，实现了林则徐的心愿，并提出"师夷长技以制夷"的主张，即学习西方先进科学技术来对付西方列强。

林则徐的思想对洋务运动起了先导作用，而林则徐在鸦片战争期间，就有建立海军的想法，并付诸实施。1840年2月，林则徐从英国罗素洋行手中购买了商船“吉赛皮可”号，改装成战舰，配备有英国制造的34门大炮，后又造了一批炮舰，还按欧洲船式建造了两三艘双桅船，并改造外海内河船只101艘作为战船。林则徐还搜集中外多种战船资料，决心吸取西方技术，制造可以与英国军舰抗衡的坚固大船。但由于经费困难，无法筹办齐备。

林则徐建立海军的愿望在他充军伊犁途中越来越强烈，他在给许多好友的信中都表达了这一观点。如给好友吴嘉宾的信中说，如果没有海军，敌人可以目中无人，敌舰每到一个沿海城市，能攻下就攻下，不能攻下，它就扬长而去，我们落得个处处挨打的境地。林则徐说他任两广总督时，“曾筹计船炮水军事宜”，从目前形势看，相关事宜必须赶快办，这是国家海防长久之计。吴嘉宾是江西南丰县人，与曾国藩是同榜进士，官至内阁中书，曾向朝廷上条陈，建议加强海防和边防。林则徐和吴嘉宾谈的“水军”不是旧式行驶于江湖的水面部队，而是在大海上能够与敌人舰队对抗的海军。

有一位把林则徐的“海防”意识深深刻在心中的人，就是洋务派实权人物左宗棠。

朝廷重新任用林则徐后，在云贵总督任上，林则徐因病卸任回乡调治，路过长沙时，特别招左宗棠在湘江船中见面。左宗棠到了之后，林则徐立刻屏退其他湖南文武官员，他要单独接见这位当时还只是一介布衣的年轻人。被大名鼎鼎的销烟英雄、朝廷重臣林则徐单独接见，令年轻的左宗棠受宠若惊。据说当时左宗棠登船时还不慎落水，沐浴更衣后才与林则徐畅叙。两人交谈许久，无所不及。湘江会面后，林则徐叹道：“他日竟吾志者，其唯君乎！”1884年中法马江海战失败后，72岁高龄的左宗棠作为钦差大臣到福州督办军务时，在为林则徐的《林文忠公政书》作的《叙》中说："宗棠荷三朝知遇，屡膺重寄"。林则徐的"重寄"主要有"海防"和"塞防"。左宗棠后来在收复新疆、建设新疆过程中实现了林则徐富边强边的"塞防"思想，其功绩可与郑成功媲美。

在海防方面，左宗棠也没有辜负林则徐建立中国海军的嘱托，1866年6月，刚刚上任几个月的闽浙总督左宗棠就奏请开办船政局。很快，8月奏折就被朝廷批准，左宗棠对福建船政的大政方针做了周密部署。左宗棠的船政工作刚刚开展两个月，10月就接到调任陕甘总督的谕令，最重要的人事安排是赴任前推荐前江西巡抚沈葆桢出任第一任船政大臣。沈葆桢不但才学过人，还是林则徐的外甥和二女婿。

马尾船政学堂虽然是新式学堂，教学内容是自然科学，但入学时考的是国学。因为马尾船政学堂是洋务运动的产物，洋务运动的指导思想是"中学为体，西学为用"，学生必须有较好的国学基础。笔试作文题目为"大孝终身慕父母"，严复参加了考试，因刚遭丧父之痛，他有感而发，挥毫写出一篇数百字情深意切的精美短文。而沈葆桢也因为母亲去世不久，丁忧在家，左宗棠三次请他主办船政而不出，最后还是皇帝钦点才出任船政大臣。沈葆桢在批改卷子过程中，看到严复的文章后引起强烈共鸣，便以第一名录取。

在1901年沈葆桢的四儿子沈瑜庆出任淮扬兵备道时，严复赋诗《送沈涛园备兵淮扬》四首，其三云：

尚忆垂髫十五时，一篇大孝论能奇。
谁言后死无穷感，惭负先生远到期。
得志当为天下雨，流年已似手中蓍。
春申浦口春无际，独对繁花有所思。

在诗中严复回忆起少年时期参加船政招生考试，凭借一篇《大孝终身慕父母论》得到沈葆桢欣赏，认为自己的努力还不够，有愧于恩师。

1867年1月，严复进入马尾船政后学堂学习驾驶。食宿及医药费用由学堂提供，每月另发银4两，贴补家用。严复主要学习英文和自然科学。后学堂开设的主要课程有：英文、算术、几何、代数、解析几何、割锥、平三角、弧三角、代积微、动静重学、水重学、电磁学、光学、音学、热学、化学、地质学、天文学、航海术等。由外籍教师以英语授课，使用英文原版教材。除了这些课程之外，学生们每天还要读《圣谕广训》《孝经》，并学习策论。

船政学堂，也称为求是堂艺局，是我国第一所理工科技术学校。它第一次把西方自然科学引入中国，培养出了中国第一批近代海军军官和第一批工程技术人才。在第一批百余名学生被录用时，船政学堂还在建设，学生们暂时被安排在于山定光寺上课。定光寺中报恩定光多宝塔是唐末闽都七塔之一，即福州古城重要的标志性建筑——白塔。

1867年6月6日，船政学堂完工后，师生全部迁入马尾新校舍。船政学堂学习纪律的严格和淘汰率之高都是非常有名的。学生在五年学习期间不能请长假，除年关、端午节、中秋节外，都没有放假，也没

福建船政旧址全景（1868年）

福州船政局车间

有寒暑假。每三月有一次考试，一等者奖10两银子，二等者不奖，三等者记惰，连续三次三等者开除。1867年招收的103名学生，到1873年毕业时，仅仅剩下39人。全新而艰难的课程和学习制度的严格考验着严复。而且，严复在学习西方科学技术的同时，也不忘继续修习中华传统美德。

1869年6月，福州船政局自制的轮船"万年青"号下水，法国领事巴士栋和造船厂监工达士博坚持要求由法国人引港出航，沈葆桢觉得此事有辱国体和尊严，便驳回了法国人的无理要求，命令由后学堂学生中平时成绩名列优等的严复、邓世昌、刘步蟾、萨镇冰等人研究闽江口海图，终于试航成功。

1871年5月，严复以优等成绩毕业于航行理论科，7月，登"建威"舰实习，"历浙江、上海、烟台，至牛庄始折而南"。1872年严复又随"建威"练习船北上实习。1873年，严复再登"建威"号进行航海实习，"先厦门，次香港，次新加坡，次槟榔屿"，航程历时4个月，"实在洋面七十五日"。

旧址重建的船政学堂

1871年12月，两艘琉球贡船遇风漂至台湾，有54名船员被高士佛、牡丹两社居民杀害，另有12人逃脱得救，被清政府由福州转送回国。日本政府利用这一事件作为出兵台湾的借口。1874年5月10日，日本陆军中将西乡从道率3600多人在台湾琅峤登陆，以龟山为基地建立都督府，准备久据。5月29日，清政府任命沈葆桢为钦差大臣，东渡台湾，办理日本侵台事件。6月14日，沈葆桢和福建布政使潘蔚、洋将日意格和斯恭塞格、船政学堂学生等，乘三艘军舰驰往台湾，士气民心为之大振。严复乘“扬威”号随行，参与勘测了台东几个海口，调查肇事情况，历时一个月。后来日军不敢轻举妄动，转而要求抚恤琉球遇害人员家属并赔偿军费。清廷答应其要求后，日军退出台湾。1876年2月严复又随“扬威”号前往日本访问，中国海军的崛起，引起日本人的高度关注。

经过5年的理论学习和6年的航海实践，严复大大扩展了自己的视野，思想上也逐渐成熟。

第三章

留学欧洲

由于成绩优异，严复作为清政府派出的第一批留欧学生前往英国，进入格林尼茨皇家海军学院进一步深造。在此期间，他结识了驻英公使郭嵩焘，受到很大影响，两人成为忘年交。在学习结束后，由于船政学堂亟需教员，严复接到命令回国执教。

进入英国格林尼茨皇家海军学院

1870年，曾国藩的幕僚容闳——他是中国第一个留英学生和中国第一个留美学生——大胆向曾国藩提出了他的“留学教育计划”。曾国藩非常赞同，立即与李鸿章联合上奏，得到了清廷的批准。1872年至1875年间，容闳担任留美学生监督和驻美副使，受命主持选派幼童赴美留学，首批挑选了詹天佑等30人，前后派出4批学生，共120名。

其间，沈葆桢也曾上奏朝廷，建议派遣船政学堂学生出洋留学深造。虽然没有得到朝廷同意，沈葆桢还是于1874年令日意格在船政学堂毕业生中挑选几个跟他出国参观学习，以期开阔视野，增长见识。1877年1月13日，李鸿章、沈葆桢再次奏请，得到清廷准许。3月31日，船政学堂派遣前后学堂学生郑清廉、严复等28人及华监督李凤苞、洋监督日意格等随员5人，分赴法国和英国留学，分别学习制造和驾驶。这是清政府派出的第一批留欧学生。

到英国留学的有包括严复在内的12名学生。为了确保留学生在国外有良好的社会地位及职业身份，清政府给予他们正四品武职都司的官衔。

经过一个多月的旅行，5月11日，严复与同窗方伯谦、何心川、叶祖珪、林永升、刘步蟾、林泰曾、蒋超英、黄建勋及第二届学员萨镇冰、江懋祉、林颖启到达英国抱士穆德（今译朴次茅斯）。严复同窗罗丰禄以候选主事、翻译身份随行，获选入士官学院学习，这13人都是福州人，成为中国第一批海军留学生。他们在抱士穆德参观了造船厂、港口、炮台和练船教育过程。刘步蟾、林泰曾、蒋超英过去曾出国参观学习，因此直接上军舰在英国舰队中实习。严复和萨镇冰、方伯谦、何心川、叶祖珪、林永升等6人考入英国格林尼茨皇家海军学院，黄建勋、江懋祉、林颖启落选，安排上舰实习。

13位留学生留影

格林尼茨皇家海军学院位于伦敦南郊的泰晤士河畔，是典型的巴洛克风格建筑，学校周围风景优美。严复等人在这里要学习9个月，学习的主要课程为数学、物理、化学、力学及与军舰相关的“管驾”“掌炮”“制造”，以练习水师兵法，培养海军指挥技能为目的。

严复他们凭借在船政学堂的理论学习和水师实习经验，在海军学院学习起来并不困难，他们是要获得更加系统的、先进的专业知识和系统训练。看到中国和西方在海军建设方面的巨大差距，严复深受感触，决心要缩小差距，迎头赶上。他发奋学习，每次期末考试都以优异成绩完成学业。

郭嵩焘（1818—1891年）是湖南湘阴人，少年时在长沙岳麓书院读书。他是湘军的创建者之一，与曾国藩、左宗棠都是儿女亲家，曾任福建按察使。

在理论学习之余，学校也会组织体力训练。有一次挖掘战壕的训练令严复深刻意识到中国人与西方人在体质上的重大差异，使他后来在教育思想上有了突破，率先提出了“鼓民力、开民智、新民德”的德智体全面发展的教育理论。

与驻英公使郭嵩焘的忘年交

严复留英期间，有幸遇到了一位对他后来很有影响的人物——郭嵩焘。

1876冬，郭嵩焘率副使刘锡鸿等随员三十余人启程赴英，在伦敦设立了使馆。是中国历史上的第一位驻外使节，首任驻英公使，1878年又兼任驻法公使。郭嵩焘曾把出使英国途中的见闻逐日详记，编成《使西纪程》一书，书中称赞西洋政教修明，认为中国应采用其治国之道。英国人称他为“所见东方最有教养者”。

郭嵩焘

严复等人进入皇家海军学院后，便成了中国公使馆的常客。郭嵩焘对严复印象最好，这年，严复25岁，郭嵩焘60岁，几番往来，两人成了忘年交。严复对中国社会时弊的看法往往与郭嵩焘不谋而合。郭嵩焘不仅认识到了西方科学技术的先进性，更强调了西方政治、经济、法律制度的文明，甚至颇有远见地觉察到了道德、人心、风俗的重要性。在中国近代化的历程中，郭嵩焘不仅超越了器物的层面，而且达到制度的层面，甚至跨越到思想意识的层面上，这对严复的思想影响很大。郭嵩焘多次在日记中记载与严复等人会谈的情景，对严复的赞美之情溢于言表。

1878年2月2日，严复等人前往驻英使馆，向郭嵩焘拜年。严复向郭嵩焘讲了他在训练中看到的情况：老师和数十个学生有一次练习挖土筑垒，规定在一小时内每人挖出深入地面三尺的堞形掩体。时间到时，老师已经完成，其余西洋学生完成一半，唯有中国学生完成最少，而且筋疲力尽。郭嵩焘在日记中引严复话说，这是西方人从小就开始操练筋骨，已经习惯了的结果。

4月9日，郭嵩焘61岁生日时，严复等人前去使馆祝寿。严复向郭嵩焘介绍光学、声学和电学等自然科学知识。郭嵩焘日记中记下当时严复的表现，说严复议论起自然科学来滔滔不绝，令他佩服。第二天，严复也许是昨天言犹未尽，又来到郭嵩焘处，这次的话题从自然科学转为社会科学。严复说：

> 中国切要之义有三：一曰除忌讳，二曰便人情，三曰专趋向。

郭嵩焘记下严复这句话，并赞赏说，严复的话可谓既深刻又切中要害，自己生平所悟也不外乎这三点，但这犯了朝廷的忌讳，因此得不到支持，没人能理解，也没有人可以交流。

5月30日，郭嵩焘和李凤苞、罗丰禄一同前往格林尼茨皇家海军学院参观。郭嵩焘在日记中写道，他们先到严复住处，听严复说起西方学术精深，毕生都难以穷尽。

经过一段时间的接触，郭嵩焘对严复评价极高。1878年7月16日，郭嵩焘在日记中写道：“又陵才分，吾甚爱之”。1879年8月，又在魏瀚是福州人，也是郭嵩焘欣赏的优秀学生，是船政学堂第一届学生和第一批留法学生、第一位获得外国法学博士的中国人。魏瀚学成回国后，出任福州船政的总司制造，也就是总工程师。是中国第一代军舰制造专家，曾任晚清海军部造船总监，民国元年任福州船政局局长，被授予海军中将军衔。

其日记中称赞严复道："于西学已有窥寻，文笔亦跌宕，其才气横出一世，无甚可意者。"

但是，郭嵩焘在欣赏这位年轻人的同时，也看出严复的个性瑕疵，说他"气性太涉狂易"，并为其担心："负气太盛者，其终必无成，即古人亦皆然也"。

严复等人每次期末考试均成绩优异，出类拔萃。郭嵩焘认为严复去当一个舰长可惜了，于是照会英国让严复在海军学院多学一年，作为教职人选培养。其他5人则上舰实习去了。这样严复就有更多宝贵时间学习西学，考察西方社会。

1878年6月期末考试结束后，郭嵩焘邀请严复等人到巴黎参观考察。7月1日，严复、方伯谦等6人随李凤苞到巴黎。次日，郭嵩焘请他们到驻法国大使馆共进晚餐。随后他们参观了正在巴黎举办的万国博览会。7月11日，严复与罗丰禄拜访了郭嵩焘。3天后，郭嵩焘又请严复与日意格、李凤苞、魏瀚、方伯谦等人到大使馆共进晚餐。

7月18日上午，严复与李凤苞、陈季同等人随郭嵩焘参观法国阿伯勒尔发多阿天文馆。陈季同也是船政学堂第一届学生，他在1875年随日意格赴欧洲采购机器，就游历过英、法、德、奥四国，一年后回国。作为翻译，陈季同也为郭嵩焘所欣赏，被称为是"中外贯通，可胜大任"的人才。他比辜鸿铭早了20年、比林语堂早了50年把中国文化传播给西方，算得上"中学西渐"的先驱。严复曾经写过一副对联称赞他："照古腾今不朽之业，穷理尽性载道为文。"

7月24日，巴黎市长邀请郭嵩焘参观巴黎下水道，严复与李凤苞等18人陪同。巴黎下水道是一项宏大的地下工程，十分宽敞，可以行驶车船。不仅把全城污水集中排出，而且还有电线及“传信吸气筒”，附设有饮水供应系统。这让郭嵩焘、严复他们大开眼界。严复深刻体会到“西洋胜出，在事事有条理”，郭嵩焘十分赞同。

7月27日上午，严复等人随郭嵩焘参观凡尔赛宫。下午，他们参观了法国圣西尔军校，后又看了马术表演并参观圣西尔炮台。法国圣西尔军校是一所可与美国陆军西点军校相提并论的老牌军事学府。该校由拿破仑始创于1803年，早年建在巴黎郊外凡尔赛宫附近的圣西尔，并因此而得名。近两个世纪以来，这所学校为法国陆军培养了近6万名优秀的军官，几乎法国陆军所有高级将领都出身于圣西尔军校。参观结束后，严复他们在巴黎留影纪念。

8月期间，国内发生了一件令严复担忧的事情。赴英途中郭嵩焘写的日记《使西纪程》，在一年前就寄到总理衙门，由同文馆印刷，不料这本书遭到顽固派的攻击、谩骂。编修何金寿于1877年7月21日弹劾郭嵩焘“有二心于英国，欲中国臣事之”，请求毁版，并得到朝廷准许。郭嵩焘于8月18日得知消息，十分愤怒。副使刘锡鸿与他不和，落井下石，罗列郭嵩焘三条罪状：游甲敦炮台时，披洋人衣服，即令冻死，也不应该如此；见到巴西国王后擅自起立，堂堂天朝代表，何至于向小国君主敬礼；在白金汉宫听音乐会，屡屡仿效洋人取阅音乐单。当时郭嵩焘就奏请因病销差，但朝廷没有人选接替，暂时不予批准。

严复1878年摄于巴黎，时年26岁

1878年8月25日，朝廷派39

羊祜，字叔子，是西晋著名战略家、军事家、政治家和文学家，临终前，举荐杜预自代继承灭吴之志。羊祜死后两年，杜预按羊祜生前的军事部署一举灭吴，完成了统一大业。

岁的曾纪泽出任英法公使，李凤苞出任德国公使。曾纪泽是曾国藩次子，著名外交家，中兴名臣，可惜51岁早逝。曾纪泽于1879年1月25日到达伦敦，1月31日，郭嵩焘离开伦敦回国。

在当时的环境下，就郭嵩焘所属的那个社会阶层而言，他已经走得太远了，导致他官位难保，只得在任期未满之时离开英国。在离别之际，郭嵩焘与严复接触更加频繁，由他组织的小型活动，往往只邀请严复参加。离开英国之前，把严复作为人才向李凤苞推荐，并向总理衙门推荐。

郭嵩焘与继任公使曾纪泽办理完交接事务后，黯然回国，称病回到祖籍地。他自信地写下了这样的诗句："流传百代千龄后，定识人间有此人。"

1891年7月18日，郭嵩焘在孤寂中病逝。终年73岁。李鸿章奏请朝廷宣付史馆为其立传，并请赐谥。不料，朝廷降旨曰："郭出使外洋，所著书籍，颇滋物议，故不准立传赐谥"。这令他的知音严复悲叹不已，写了一副挽联：

平生蒙国士之知，而今鹤翅氋氃，激赏深惭羊叔子；

惟公负独醒之累，在昔蛾眉谣诼，离忧岂仅屈灵均。

上联写严复受郭嵩焘赏识和举荐。严复以羊祜喻郭嵩焘，而自己是"羊公鹤"，名不副实，愧对郭公的赏识。下联把郭嵩焘比作屈原。郭嵩焘于5月5日乘船抵达长沙。由于湘阴守旧排外风潮，下至百姓，上至官员都极力诋毁他。郭嵩焘虽然在一片辱骂声中离开了政治舞台，但他如屈原被放逐一样，仍时时深忧国事。

1879年7月，严复以各门课屡列优等的成绩完成了学业。英国方面安排他上舰实习一年。不久，船政大臣吴赞诚以船政学堂亟待教员为由，电召严复立即回国执教。8月14日，严复向曾纪泽辞行，结束了留学生涯。

在这批留学生中，严复成为唯一没有上舰实习的中国海军留学生，是郭嵩焘改变了他的命运：中国少了一位优秀的海军将领，却出现一位伟大的思想家。留学期间，他对多位西方思想家及其学术思想有了深入的了解，严复在英国和欧洲所接受的新思想将在未来中国土地上成熟发酵。

海軍公所

第四章

天津廿载

回国后，严复先任职于马尾船政学堂，后来又来到天津参与了北洋水师学堂的整个组建工作。他在这里推行注重系统的技能培养和实践能力的教学方针，培养出一大批优秀人才，成为中国近代海军缔造者之一。然而，他的这些成果在中日甲午战争中大部分灰飞烟灭，这使他痛定思痛，认真开始反思中国落后的原因，并成为维新运动中最重要的理论家。

中国近代海军元勋

回国后的严复，直接被安排在马尾船政学堂任教。这年12月26日，他的恩师、两江总督沈葆桢因病逝世，导致严复后来在仕途上失去了一个强有力的支持。

1880年8月，李鸿章创办北洋水师学堂，调原船政大臣吴赞诚主持筹办，选调优秀人才。翰林院侍讲陈宝琛认为，严复的海军专业及学识素养“器识闳通，天资高朗”，因此极力向李鸿章推荐。李鸿章也认定严复“洋学谅已精通，才器大可造就”，于是直接致函福建船政大臣黎兆棠，请其允准严复来津。

严复于1880年8月12日抵达天津，参与筹办北洋水师学堂。1881年5月，吴赞诚因病辞职，福建船政提调吴仲翔调任天津水师学堂总办（校长），严复任总教习（教务长）。严复实际上履行总办职责，因为学堂总办按例应由候补道员品级（正四品）的官员充任，严复虽然是四品官，却是武职都司，与文职四品道员比较，职级和社会地位还是不够的。1889年，严复捐得道员头衔，升为天津北洋水师学堂会办(副校长)。1890年，严复升为总办，加叙海军副将。严复从创办学堂到1900年八国联军占领天津这段时期，伴随北洋水师学堂一路走来，前后整整20年。

北洋水师学堂实践的是“体用一致”的海防教育思想和注重系统的技能培养的海军教学模式。北洋水师学堂设置驾驶、管轮两科，与马尾船政学堂相比，增加了“繁难诸学”等新的内容，诸如在驾驶班增设了电报学、信号学，同时增设了原轮机专业的学习内容，率先推行交叉教学，还在学堂率先设置体操（即体育）课。为了加强学生的水面操作技能，1883年，严复拟定“北洋水师学堂练船章程”，请英国海军学院推荐能胜任北洋水师学堂练船任务的正洋教习人选，充任北洋水师学堂教习。严复升任总办后，全面尝试与实施他的海军专业教育训练主张，将学制由5年延长至7年。严复还亲自为学生上课，主要是教数学和英语。

在学堂创办初期，严复主持了招收学生的工作，有关招考事宜，如招生人数、考试地点、考试题目都由他决定。北方由于观念滞后，风气未开，前来报考的学生不多，大多数学生还是南方沿海的孩子，特别是来自福建船政的故乡福州的人很多。

严复在招生过程中注重学生的应变能力和西学方面的文化取向。1882年1月，严复从北方回福州为北洋水师学堂招生。他在招考谢葆璋时，出的考题是："月到中秋分外明"，谢葆璋的答案令严复比较满意，当即决定录取他。谢葆璋是著名作家冰心的父亲。另外如广东新会人伍光建投考时，严复让他解释英文单词"鼠"字，伍光建以手势在桌子上作老鼠爬行状，严复看了哈哈大笑，认为伍光建很聪明，也当场录取他进入北洋水师学堂驾驶班。果然，后来伍光建每次考试都名列第一。即使招考方式已经如此灵活多样，1882年北洋水师学堂驾驶班还是无法招满60名新生。

严复仿效马尾船政学堂，实行严格的"励优责劣、优胜劣汰"的教育管理体系。制定严格的考试制度，严肃考试纪律，每年春、夏、冬三季一小考，秋季大考，把学习成绩和体质太差的学生淘汰出校。

在20年里，严复为中国培养了一大批海军人才。其中，驾驶班学生六届共120名；管轮班学生六届共85名，另有昆明湖水师学堂驾驶班学生24名于1893年在此校毕业，此外，又让肄业美国回国的王凤喈等9名学生在这里完成学业。北洋水师学堂的多名毕业生到各军舰充任大副、二副，成为近代中国海军的栋梁。民国大总统黎元洪、南开大学校长张伯苓以及北洋大学教务提调王劭廉(同时兼任直隶学务公所议长、直隶咨议局议长)、著名翻译家伍光建等有影响力的人物也是从这里走出来的。严复自己也说，海军中的将领，应该大部分人不是他的同学，就是他的学生，从这个意义上说，严复是中国近代海军的缔造者之一。可惜，他的同学和学生，许多人都在中日甲午海战中为国捐躯了。

在天津生活稳定，事业有成

在天津20年，严复过着比较富裕而稳定的生活。严复一生共有三位夫人和九个儿女，其中五男四女。原配王氏在严复父亲严振先病故后，随严复、婆婆陈氏、两位小姑，在严复老家阳岐村艰难度日。严复在船政11年，留学2年多，回国在福州仅待了1年又到天津，夫妻俩聚少离多，1874年生了长子严璩，字伯玉。1883年，严复才把母亲、妻子和9岁的严璩接到天津。同来的还有他的外甥女何纫兰。

1889年，严复的母亲陈太夫人在福州病逝，享寿57岁。严复得知丧信后，就携妻子和儿子回闽奔丧。儿子有了出息慈母却无法看到，令严复十分伤感。1892年，年仅39岁的贤淑妻子王夫人又不幸在天津病逝，她的灵柩运回福州阳岐归葬。在很长一段时间的家书中，严复还常常表露出对妻子的思念与悲伤。

严复长子严璩与他的二女儿严系云

严璩来到严复身边后，曾拜郑孝胥为师，1895年去英国留学，历任驻法参赞、

越南视察史等官职。民国成立后，曾任财政部参事、北洋政府的财政部次长、全国盐务署署长兼盐务稽核所总办等要职。后来他在南京国民政府任财政部次长、司法行政部总务司司长等职。1942年病逝于上海。

严璩的长女、严复的长孙女严倚云，北京大学教育系毕业，后曾在西南联大、北京大学任教。1947年赴美，1956年获康奈尔大学语言学博士学位，先后任南加州大学、西雅图华盛顿大学教授。

严复对外甥女何纫兰十分关爱。何纫兰的父亲是严复在马尾船政学堂和英国格林尼茨皇家海军学院的同班同学何心川，民国时授海军少将。何纫兰是严复大妹与何心川唯一的女儿。1885年，严复回福州参加第一次科举考试，何纫兰才3岁，严复妹妹因小产逝世，何纫兰由继母照看，继母对她不够疼爱，所以，严复就把她带在身边照顾。

1906年，何纫兰在上海中西女塾学习，时任复旦公学校长的严复经常去看望她。严复一直提供给她不少零花钱，后来又资助她在上海经营黄包车队，增加经济收入。严复给何纫兰的书信多达33封，还介绍她与才女吕碧城认识。可见，严复不仅对她极为关爱，而且把她当作知心朋友。

严复与何纫兰（1908年）

后来叶祖珪介绍何纫兰与其胞侄叶可梁结婚。叶祖珪也是何心川的同班同学。叶可梁曾在美国康奈尔大学攻读农艺，又进密歇根大学修地理，获硕士学位。回国被学部授予“进士”出身，被时任北京大学校长的严复聘为北大农科学长，后任驻温哥华领事馆领事、旧金山总领事馆总领事、芝加哥总领事、纽约总领事。

江莺娘

原配夫人王氏逝世后，严复纳江莺娘为妾。当时社会风俗允许纳妾，江莺娘是一个书香人家的小姐，他的父亲听信算命先生的话，说江莺娘只能当偏房，才能白头偕老，早早就托严复五叔严厚甫向严复的母亲说媒。严复直到王氏逝世后才同意完亲。此时，江莺娘才15岁，比严复小25岁。

江莺娘生有二男一女，分别是严复的次子严瓛、三子严琥，长女严璸。

江莺娘性格内向，但心地善良，还是尽力伺候夫君。1910年，两人因为严重的冲突，导致了后来的分居，严复按时为她提供生活费。

1898年，严复译著《天演论》出版。南京一位美丽的年轻女子叫朱明丽，通晓英文，购读了《天演论》后，深为严复的思想和才华所折服，称一定要嫁给像严复这样的才子。江莺娘身居妾位，夫人之位正缺，当时严复的挚友萨镇冰和堂弟严观澜多次劝他再娶继室。严复遇到朱明丽就像找到了知音，两人互相倾慕，于1900年3月结婚。著名诗人黄遵宪闻讯，写了一首诗：

一卷生花天演论，因缘巧作续弦胶。
绛纱坐帐谈名理，似倩麻姑背蛘搔。

朱明丽生有二男三女：分别是严复的四子严璿、五子严玷，二女严璆、三女严珑、四女严顼。

严复与朱明丽

与朱明丽刚刚结婚不久，八国联军侵华事件爆发。1900年八国联军攻占大沽炮台，在7月14日攻陷天津前夕，严复携一家老少，仓皇出逃到上海。途中二子严瓛因病夭折。他是严复儿女中最聪明的孩子，深得严复的宠爱。他的去世，令严复伤心了好一阵子。

在天津期间，严复除了在建设中国海军方面大有建树之外，还形成了一套救国图强的思路。甲午海战前后5篇政论文和戊戌变法前夕《天演论》的出版，标志着他开始了思想启蒙的伟大事业。

反思甲午海战教训，首创变革精神

19世纪60年代开始，清政府中的洋务派掀起了以“自强”“求富”为口号的洋务运动，一度出现“同治中兴”的景象。1874年5月的牡丹社事件引起清政府的警醒，一场海防大讨论随即展开。尤其是李鸿章在奏折中非常清楚地指出：“日本近在肘腋，将永为中土之患。”清政府最终决定建立南、北洋两支水师，并每年拨款400万两白银作为军费。

李鸿章在苦心经营几年后，以从德国购买的“定远”号和“镇远”号铁甲巨舰为核心的北洋水师于1888年正式建立，成为亚洲第一大水师，北洋水师由25艘新式军舰组成，总吨位超过8万吨。据当时的世界军事年鉴统计，中国海军居世界海军第6位，日本海军排在第16位。因此，欧美列强也放缓了侵略的脚步。

但是亚洲的日本却正相反。1868年，日本通过明治维新，“脱亚入欧”，开始走上资本主义道路，国力日渐强盛，时时觊觎中国。

1886年7月，北洋水师前往朝鲜的永兴湾一带巡防。8月1日，水师提督丁汝昌率“镇远”“定远”“威远”“济远”四舰前往位于日本长崎的三菱造船所进行检修，并展开对日本的亲善访问，不料发生了清军水兵与日本警察、市民的斗殴事件。事件发生后，北洋水师官兵群情激愤。四艘军舰迅速进入临战状态，褪去炮衣，将炮口对准了长崎市区。

虽然后来双方理智处理了此事，但是这件事大大激发了日本人加紧组建海军的愿望。“大力发展海军”也成了日本国内的共识，“一定要打败定远”更是作为日本海军的目标和口号。日本在1887年制定了《征讨清国策案》，准备“当自本年开始，以五年为期进行准备，时机到来，则加以攻击”。

1891年6月26日，北洋舰队正式访问日本。此次访问是因为清政府接受了日本方面的特别邀请。日本方面之所以这样做，主要是为了在日本国内制造扩充海军军备的舆论，并对中国舰队的舰只装备规模及作战能力进行一次调查摸底。北洋舰队这次展现出来的实力又一次引起日本朝野的巨大震动。日本政府认为必须加大日本的海军投入，把建设一支足以对付北洋舰队的海军作为其“最高命令”，掀起了加速扩充海军的高潮。在“五年规划”到期的1893年，日本的军费预算竟然占财政预算总额45%之高。这也是战争爆发前一年，日本海军已经拥有各种军舰55艘，其中多数是航速快、射速高的新军舰。到了1894年，自认为羽翼丰满的日本海军决意对北洋舰队开战。

反观北洋舰队方面，自打从日本回国一直到甲午海战爆发为止，都没有再购买一艘军舰，装备补充的费用也停拨了，这段时间里，北洋舰队完全处于吃老本的状态。

日本早在《征讨清国策案》中就看到清政府“以自尊自大为风”“其惯用之外交政略，常以虚喝之手段。”北洋舰队访问日本是显摆大清“国威”。但是，此举没有吓阻住日本侵略朝鲜和中国、称霸东亚的野心。反而让日本逐渐形成以侵略中国为中心的“大陆政策”：第一步攻占台湾，第二步吞并朝鲜，第三步进军满蒙，第四步灭亡中国，第五步征服亚洲，最后称霸世界。

1894年7月甲午战争爆发，历时9个月，日军攻下朝鲜的平壤，在黄海海战中大败北洋水师，之后又攻下中国的旅顺、威海，并在旅顺进行大规模屠杀，遇难者超过2万人。北洋水师在威海湾刘公岛全军覆没。战后双方签订《马关条约》。日本吞并朝鲜和攻占台湾的目标在甲午海战过程中实现了。

甲午战争中北洋水师主力舰管带（舰长）10人，大都与严复同为第一届船政学生。除邓世昌（他是广东人）外，刘步蟾、林泰曾、方伯谦、叶祖珪、林永升、黄建勋、邱宝仁均为福州人。另外两人是船政第三届的林履中，还有“镇远”管带林泰曾忧愤自杀后，升护理左翼总兵兼署镇远管带的杨用霖，他们也是福州人。杨用霖1871年参加海军，在“艺新”号炮舰上做一名船生，跟随管带许寿山（严复同窗，在中法马江海战中英勇牺牲）学习英语及枪炮、驾驶技术。

在整个甲午战争中，死战不退的是北洋水师，战到最后的是北洋水师，战至全军覆没的还是北洋水师。在世界海战史上，如此庞大的舰队在一次海战中壮烈战死、殉节的高级将领占高级指挥官过半的情况极其罕见。天津水师学堂毕业的学生也伤亡过半。所以，严复极其悲愤。

甲午战争的失败和《马关条约》的签订，引起全民族的震动。梁启超说：“唤起吾国四千年之大梦，实自甲午一役始也。”他反思甲午，主要从政治体制上找原因，在《变法通议》中分析中日学习西方的区别时提出，日本人学习西方是学它的知识，学它的政治体制，然后回去把西方先进的知识和政治体制用于日本；而中国人到西方是购

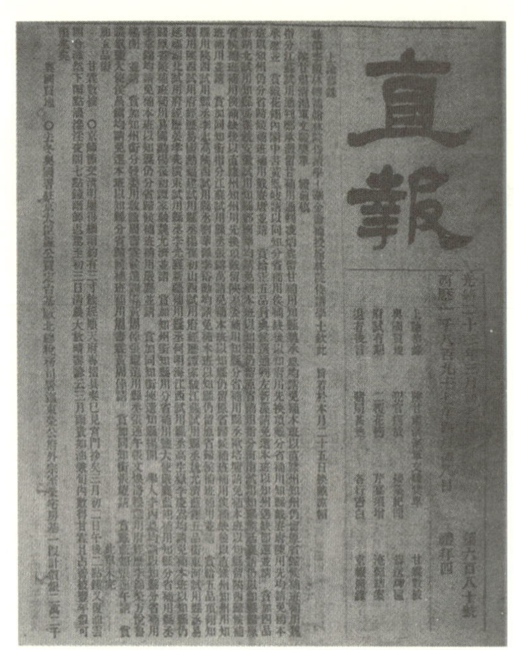
直報

1895年严复在《直报》发表的《论世变之亟》一文

买西方的船炮、工厂这些实用的东西，知识和政治体制还是老一套，只采用西方的科学技术成果。日本强、中国弱的原因大概就在于此。

当时舆论对于甲午战争的失败的反思一般都是在政治体制层面上，集中于清政府的腐败和封建专制的政治体制。而严复不仅在政治上，而且在文化层面上进行了更深刻的思考。

1895年2月初，环绕威海卫军港的炮台尽数落入日军手中，北洋水师被围困在港内，死守待援。严复在2月4～5日的天津《直报》上发表《论世变之亟》一文，在进行中西文化比较时，指出西方富强的根本原因“不外于学术则黜伪而崇真，于刑政则屈私以为公而已。”这种“黜伪而崇真”的科学精神和“屈私以为公”的清廉政治在西方行得通，而在中国行不通，为什么？是因为西方自由和中国专制体制的不同。

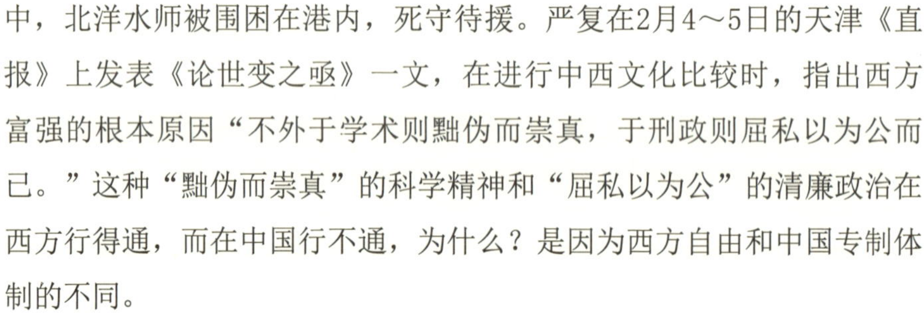

严复这时候已经43岁，又曾留学欧洲，思想已经非常成熟。而梁启超才24岁，但是许多反思甲午战争的资料仅仅注意梁启超的观点，而忽视严复的看法。梁启超讲到了科学精神和政治清廉层面，而严复则进入了更深的层面——人的自由。

北洋水师全军覆没后，严复于3月4～9日发表《原强》，3月13～14日发表《辟韩》，3月19日发表《原强续篇》。批判中国封建专制制度，探求中国衰弱原因，寻求中国富强之路。宣传达尔文的进化论和斯宾塞的社会学，奋起救亡图强，不仅在政治制度上，更要在民力、民德、民智上提高国民的素质。

严复提出“自由为体，民主为用”。人的自由才是根本，民主是自由在政治上的体现，是实现自由的手段。

严复（1895年）

严复还提出“身贵自由，国贵自主”。自由分为“小己之自由”和“国群之自由”。“小己”就是个人，“国群”指国家、群体。个人因为自由是天赋的人权，所以要争自由；但个人自由应不妨碍他人自由，国家、民族的自由是个人自由的保障，个人自由与国家的自主是统一的。

国家盛衰的关键是“自由不自由”，这也是中国和西方根本差别所在。一百多年前至今，这段时期的挫折和成就都证明，严复的这些论断都是正确而深刻的。

4月17日《马关条约》签订后，5月1～8日严复发表《救亡决论》，提出今日中国救亡，非变法不可！

维新运动最坚决、最权威的理论家

1895年4月，乙未科进士刚在北平考完会试，等待发榜。《马关条约》签订的消息突然传来后，应试的举人们群情激愤。台籍举人更是痛哭流涕。4月22日，康有为写成一篇18000字的“上今上皇帝书”，痛陈民族危亡的严峻形势，提出拒和、迁都、练兵、变法的主张。18省举人响应，1200多人连署。5月2日，由康、梁二人带领，这些举人与数千市民聚集在都察院门前请代奏光绪皇帝。史称“公车上书”。

“公车”是汉代负责接待臣民上书和征召的官署名，后也代指举人进京应试。

这次上书行为对清政府触动不大，却轰动了全国。“公车上书”揭开了维新变法的序幕。

甲午战争的失败，被认为是洋务运动的失败。康有为、梁启超批评洋务派只是学了西方的皮毛，没学到西方富强的本原，只引进西方近代生产技术而不引进西方政治体制的弊病，提出向西方和日本学习君主立宪制的主张。但是，康有为、梁启超鼓吹变革的思想还是属于庸俗进化论思想和“中体西用”观。

1891年7月，康有为出了《新学伪经考》一书，该书通过历史考证的学术方法，断定以汉代刘歆为代表的古文经学派（新学）的儒家经典是“伪经”，湮灭了孔子的“微言大义”，认为孔子作经是为了“托古改制”。新学，指新莽之学。康有为认为刘歆制造伪经的目的，是为了帮助王莽篡夺西汉的政权、建立国号为“新”的朝代，所以古文经学是新莽一个朝代的学问，因为采用古籀文，即古文体而被称为古文经学派。该书1894年遭清政府禁毁，1898年戊戌变法运动中被重刻并进呈光绪皇帝，不久再度遭禁毁。

康有为的另一力作《孔子改制考》始撰于1892年，1897年12月正式刊行。这本书在破“伪经”的基础上立“新意”，是一部有“火山大喷火”效果的变法理论著作，是他倡导变法维新的理论根据。这部书集中体现了康有为的政治思想。其核心是把西方资产阶级进化论学说和中国哲学中变易观点融为一体，认为人类社会是循着“据乱世——升平世——太平世”的规律发展，最终达到“政府皆由民造”，实现天下为公的大同世界。

康有为力图论证资产阶级的社会政治思想和中国变法维新主张，

托马斯·亨利·赫胥黎（1825—1895），英国著名博物学家、教育家，达尔文进化论最杰出的代表。在达尔文发表《物种起源》一书后，他竭力传播进化学说，是第一个提出人类起源问题的学者。

都是源于孔子和公羊学解说“微言大义”。认为西方文化来自中国，与中国经义相通。他用“西学中源”论说明，引进“西体”的根本政教法度来改变“中体”旧制，与“中体西用”并不相悖。因此，康有为是用“明修栈道，暗度陈仓”的方法，打着孔子的旗号进行资产阶级改良主义维新运动。

而严复在甲午海战失败和《马关条约》签订后就提出变革主张。他力倡赫胥黎和斯宾塞的达尔文进化论思想，认为学习和引进西方科学技术仅能治标，关键在于治本，使个人获得自由发展，鼓民力、新民德、开民智，尤其是开民智。因此，他抱着强烈的民族忧患意识，满腔热情地开始在中国开展资产阶级思想启蒙运动。

“公车上书”之后，在1896年夏天，满怀忧国忧民之情的严复选择赫胥黎的《进化论与伦理学》进行翻译，大热天挥汗如雨，至重阳节脱稿，取名《赫胥黎天演论》。

1897年夏天，严复与王修植、夏曾佑创办《国闻报》。《国闻汇编》也于11月24日出版第一册。严复始终是《国闻报》《国闻汇编》的核心人物，报（刊）上的主要政论文章都由他撰写。变法维新时期，《国闻报》与梁启超主笔的上海《时务报》形成南北呼应之势，被誉为当时南北舆论界的两颗明星。经过两年多几次修改，1897年12月，《天演论悬疏》（即《天演论导言》）先在《国闻汇编》刊出。1898年6月，正值戊戌变法开始，《天演论》正式出版。

严复译著《天演论》在戊戌变法期间对思想界影响极大。

《天演论》不是赫胥黎原书的忠实译本，只是将原书名《进化论与伦理学》中的“进化论”译为“天演论”，严复不同意赫胥黎把赫伯特·斯宾塞，英国社会学家，社会达尔文主义之父。

自然规律的进化论与人类关系的伦理学对立起来的观点，就没有翻译“伦理学”部分，而且对赫胥黎的“进化论”部分也是有选择、有评论地加以改造。

严复利用按语，常用斯宾塞的观点对赫胥黎的观点予以补正。

斯宾塞认为，天演法则始终贯穿人类社会的各阶段。在物竞天择之外，人类还最重“体合”，即形成社会。人类的这种能够团结“保群”形成社会的本性，也不过是“天演”、进化的结果。人并非天生就有同情心，只是出于各自的安全利益考虑才由散而聚，善群者才能处于生存竞争的优势地位。因此，生物竞争，优胜劣汰，适者生存的自然进化规律同样适用于人类社会。

但严复又同意赫胥黎的观点，即人类与其他生物不同，是有伦理情感和主观能动性的。所以，他反对斯宾塞任天为治的思想，采用了赫胥黎与天争胜的观点，认为弱小民族应当自强，不能坐待灭亡。在民族危难关头，严复宣传“物竞天择，适者生存”思想的真正动机，就是希望鼓舞国人赶快起来奋斗，救亡图存。

史华兹的专著《寻求富强：严复与西方》被公认为国外学者最权威的研究严复思想的名著，他认为严复译《天演论》为缩写，鲁迅先生说严复做了一部《天演论》。

与几乎同时期发表的《孔子改制考》相比，同样鼓吹变法维新，《天演论》给人们带来了“物竞天择，适者生存”“进化”“竞争”“自强”等新观念，捅破了康有为“公羊三世说”温情脉脉的面纱。这种广阔的视野、科学的态度和进取的精神，以及它所起的全国性思想启蒙的作用，是康有为无法企及的。

本杰明·史华兹是当代美国汉学家、哈佛大学研究中国近现代政治思想史的著名教授。

维新变法之前，严复还在1898年1月27日至2月4日，在《国闻报》上发表《拟上皇帝书》。他认为当今中国的积弱已达到极点，“由于内治者十之七，由于外患者十之三耳。”主要原因是在自己国家的治理，是不知外情，不求自强。外患虽然危急，但不是根本，根本在于“内治之不修，积重而难返”。严复批评的“内治之不修”，实际上就是指政治腐败。而要改变这种状况，必须变法。但严复没有进一步展开说。吴汝纶看到《拟上皇帝书》后，在3月20日写信给严复，高度评价这篇万言书，认为它是继王安石之后，仅见的一篇变法奏议，并表示：“前读尊拟万言书，……独其词未终，不无遗憾。务求赓续成之，寄示全璧。” 吴汝纶希望严复把怎么改变这种状况的建议写出来。

9月4日，严复得到“奉旨进京，预备召见”的通知。他8日到北京，14日，光绪皇帝在乾清宫召见他。严复原本打算带《拟上皇帝书》进宫，不知是不是觉察到维新变法处于艰难时期，所以最后并没有带去。

寒暄过后，君臣就办理海军、开办学堂等事宜展开谈话，后来，光绪帝问他最近发表过什么文章，严复提到了《拟上皇帝书》。光绪帝表示很感兴趣，急着想看，问他要变什么法。严复向光绪帝建议，在变法前可以先到外洋看一看，“联各国之欢”；并到全国各地考察，“结百姓之心”。这是严复在《拟上皇帝书》中所提到的在变法前应尽快实行的三项先治标建议中的两项。“联各国之欢”就是同各国搞好外交关系，结交主持公道的国家。“结百姓之心”就是笼络天下人心，振奋全国士气。而第三项，“破把持之局”，即打破守旧官吏盘踞要津、把持政局的局面。严复还没有说，皇上似乎知道严复想说什么，感叹说：“中国就是守旧人多，怎好？”

接见了三刻钟后，严复退出。他本想回去按皇帝的要求，整理一份材料呈上。但是，此时风云突变，光绪帝的忧虑变成了现实，一个星期之后，慈禧复出“训政”，23日光绪帝被幽禁于瀛台，28日谭嗣同、林旭、刘光第等6人被杀害，戊戌变法宣告失败。光绪帝至死也未见到严复的《拟上皇帝书》。严复的这篇文章由于是写给皇帝的，所以比较慎重。他只说治标三策，而没有说治本四策，由于形势变化，他也无法继续说了。实际上，他在甲午战争期间发表的《原强》等5篇政论文中，早已提到了这些治本之策。史华兹称这5篇政论文“构成了严复全部译著的绪论”。后来严复的八大译著更是痛快淋漓地说出了他的主张。

与吕增祥的生死之交

严复一生中结交了许多知心朋友，保持了长久的情谊。与郭嵩焘是忘年交，与吴汝纶是师生兼挚友。在同辈的众多朋友中，情谊最深的是吕增祥，还有陈宝琛、陈三立、张元济等人。严复在1918年11月22日给五子严玷的信中，称他与吕增祥是生死之交。

1880年，严复从福建调天津，任北洋水师学堂总教习，正巧与在李鸿章麾下任职的吕增祥相遇。两人一见如故，成为无话不谈的好朋友。吕增祥，安徽滁州人，号太微，1879年中举入仕。1885—1890年间吕增祥被李鸿章推荐派遣到日本担任中国驻日本使馆参赞。严复有一首诗《寄太微日本》就表达了思念之情：

尔泛楼船去使倭，怜余卧病独悲歌。
三年梦逐沧波远，万里书传涕泪多。
……

吕增祥善诗文，属安徽桐城派，国学修养非常深厚。严复在翻译《天演论》的过程中，经常请教他，请他给稿本提修改意见。1897年冬季，为便于商榷和修改《天演论》译本，严复干脆请吕增祥住到了自己的家里。二人日夜相守、切磋。严复原请吕增祥为之作序，但吕增祥谦让由吴汝纶操觚。在《天演论》正式出版前的1897年，吕增祥受严复之托，将《天演论》的译稿抄本给吴汝纶、梁启超等人过目，得到了极高的评价，推动了"天演"思想的广泛传播。在1901年富文书局本《赫胥黎天演论》的封面上，严复特意注明吕增祥的名字——"侯官严几道先生述《赫胥黎天演论》，吕增祥署检"，意思是书稿是由吕增祥校对的。

严复与吕增祥的亲密关系在儿女辈更添了一层。吕增祥的二女儿吕静宜嫁给严复长子严璩，严复的二女儿严璆则是吕增祥的二子吕彦直的未婚妻，令严、吕两家亲上加亲。吕增祥大女儿嫁与严复的得意学生伍光建，三女儿嫁与严复同学罗丰禄的长子罗仪韩。

1901年5月，吕增祥在处理一宗民事案件时，不幸被刺身亡。严复十分悲痛，久久不能释怀，每年清明都为老友扫墓，并写了《怀吕开州》诗纪念他：

盖代循良宰，吾思吕太微。
临财如触热，好善惄輖饥。
至孝神应泣，论文瑟已希。
墓田今宿草，黄鸟绕林飞。

吕增祥逝世后，严复将吕增祥的儿女视如己出，1902年，严璩出任清政府驻法国公使馆参赞，严复特别安排未满8岁的吕彦直随其往巴黎读书。回国后又报考清华学堂，成了清华庚子赔款官费留美预备生。在清华毕业后，告别未婚妻严璆到美国深造。1921年，27岁的吕彦直回国。回国后，吕彦直本可与严璆很快完婚，但碍于严复尚在遥远的家乡福州闹病，只有严璆在照顾他，因此婚事暂缓。不久严复病逝，根据福州传统风俗，长辈去世后的一百天内尚可办理晚辈婚事，否则就要三年后才能成亲。二人父亲皆已亡故，吕氏本人尚无足够的积蓄。于是二人的婚事便被长期搁置。严璆到意大利罗马留学后，吕彦直抱定“先事业，后家庭”的主张，一心投入南京中山陵和广州中山纪念堂这两大宏伟建筑的设计和建造工作，这是我国近代建筑中融汇东西方建筑技术与艺术的代表作，因此吕彦直被称作中国“近现代建筑的奠基人”。可惜，1928年初，严璆回国到北京，正商议结婚的事，突然接到吕彦直从上海的来信，告诉她自己被确诊患有肝癌，希望她另找他人。1929年3月18日，年仅35岁的吕彦直突然因病情恶化在上海去世。严璆极度悲伤，皈依基督教为修女，终身不嫁。

严复和林旭的友情

光绪帝被幽禁当日，大学士王文韶密示严复离开北京，严复动身回到天津。王文韶是1895年8月《马关条约》签订后，被任命为直隶总督兼充北洋大臣的。在天津时，严复经常拜会他。百日维新期间，荣禄被授直隶总督兼北洋大臣，严复这次回天津，也去拜会他。无论王文韶还是荣禄，都是严复的顶头上司，直接管辖着严复的北洋水师学堂。他们之间关系比较好，尤其是王文韶。荣禄是慈禧太后发动政变的得力人物，王文韶是军机大臣，得到了慈禧太后的倚重。

康有为、梁启超在戊戌变法失败后，都亡命日本。六君子罹难前一天，而严复主编的天津《国闻报》还以《视死如归》为题，报道了谭嗣同拒绝到某外国使馆避难，并说了著名的一句话：“中国以变法流血者，请自谭嗣同始。”

根据严复在戊戌变法期间的表现，尤其《国闻报》刊登《视死如归》一文，江南道检察御史徐道焜奏劾《国闻报》及严复、王修植和孙宝琦三人。是王文韶保护了他们，这已经不是第一次了。在这年的4月17日，康、梁成立了“保国会”，这个团体的其中一名成员李盛铎就曾上告《国闻报》及严复与外国人勾结，也是王文韶奉旨“查明”无此事。这个结论虽然与他们之间关系较好有关，但严复对中国近代海军建设的重大贡献和他在全国上下的威望，也是统治者不得不考虑的。

戊戌变法之后严复虽然没有危险，但令他痛心的是失去一位青年才俊——“戊戌六君子”之一的林旭。林旭，字暾谷，号晚翠。林旭是严复恩师沈葆桢的孙女婿，也是他好友沈瑜庆的女婿。1891年，沈葆桢四子沈瑜庆总办江南水师学堂时回乡省墓，在林旭私塾老师杨用霖处看到他的文章，大为赞赏，将长女沈鹊应许配给他。1893年，林旭中解元，后上京应试，参与“公车上书”，创立闽学会，推动维新运动。参与发起保国会，任董事。林旭曾为荣禄的幕僚，变法时与谭嗣同、杨锐、刘光第同授四品卿衔，担任军机处章京。皇帝谕旨多出自林旭之手。政变发生后，“军机四卿”被捕，还有杨深秀、康广仁。“戊戌六君子”不经审讯即行问斩，在北京宣武门外菜市口行刑时，林旭泰然处之，仰天长啸：“君子死，正义尽！”然后放声大笑，慷慨就义。六君子中林旭年龄最小，仅24岁。

1898年6月28日，林旭创立闽学会后，严复才与他相识。9月20日，戊戌政变前一天，严复还和林旭见过密友郑孝胥。郑孝胥当时已被张之洞保举，以候补道员派充总理衙门章京上行走。林旭告知严复和郑孝胥，慈禧太后下令，新章京所签发的各类文件全部呈她本人过目，光绪帝处境非常危急。第二天，慈禧太后再度“训政”。28日林旭遇难，严复与林旭认识刚满三个月，就阴阳两隔。严复写了《哭林晚翠》和《戊戌八月感事》诗悼念他。《哭林晚翠》长达64行，后又写《古意》一诗怀念林旭，可见严复的痛惜之情。《戊戌八月感事》诗云：

求治翻为罪，明时误爱才。
伏尸名士贱，称疾诏书哀。
燕市天如晦，宣南雨又来。
临河呜犊叹，莫遣寸心灰。

诗中说维新派为救亡图存变法，反成为罪人。光绪帝政治清明提拔任用才俊，却害了他们。六君子被杀，宝贵的生命轻贱了。光绪被囚禁，假诏书称病（慈禧太后借此执政）。北京天昏地暗。当年孔子想到晋国为官，在黄河边听说赵简子把贤大夫窦鸣犊杀了，长叹着离开晋国。诗的末尾希望大家别像孔子那样灰心，而是应该继承英烈遗志。

林旭的妻子沈鹊应，与父亲沈瑜庆、林旭同是“同光体”闽派诗人。林旭多作诗，沈鹊应多作词。戊戌政变后，沈鹊应一边整理林旭遗稿，一边写诗词抒发情感哀悼夫君，如她的《浪淘沙》词写道：

报国志难酬，碧血谁收？箧中遗稿自千秋。
肠断招魂魂不到，云暗江头。
绣佛旧妆楼，我已君休，万千悔恨更何尤？
拼得眼中无尽泪，共水长流！

据林纾《剑腥录》记载，林旭并不担心自己的生死，只是挂念妻子与自己没能最后见上一面，以她英烈的性格，一定会追随自己而去。知妻莫如夫，正如林旭所料，两年后（1900年4月）沈鹊应哀毁离世，年仅24岁，无子女。沈鹊应有《崦楼遗稿》附于林旭《晚翠轩诗集》后，存诗29首，词35首。沈瑜庆将他们双双安葬于北门义井，并竖一对石墓联，这样写道：

千秋晚翠孤忠草，一卷崦楼绝命词。

这是对爱婿爱女最精辟、最贴切的评价。

1900年6月17日，八国联军攻占天津大沽炮台。26日，尽毁天津机器局和北洋水师学堂。严复举家逃往上海，结束了天津北洋海军军校从创办到解散20年的生涯。从此以后他的身份由海军元老逐渐过渡到国学大师、译界泰斗、教育名家和思想巨子。

老向巴人裏今辭楚塞隅入舟翻不樂
解纜獨長吁窄轉深啼狖虛隨亂浴鳧
石苔凌几杖空翠撲肌膚疊壁排霜劍
奔泉濺水珠杳冥藤上下濃澹樹榮枯
神女峯娟妙昭君宅有無曲留明怨惜
夢盡失歡娛擺闔盤渦沸欹斜激浪輸
風雷纏地脈冰雪耀天衢鹿角真走險
狼頭如跋胡惡灘寧變色高卧負微軀
書史全傾撓裝囊半壓濡生涯臨臬兀
死地脫斯須不有平川決焉知衆壑趨
乾坤霾漲海雨露洗春蕪鷗鳥牽絲颺
驪龍濯錦紆落霞沈綠綺殘月壞金樞
泥筍苞初荻沙茸出小蒲雁兒爭水馬
燕子逐檣烏絕島容煙霧環洲納曉晡
前聞辨陶牧轉眄拂宜都縣郭南畿好
津亭北望孤勞心依憩息朗詠劃昭蘇
意遣樂還笑衰迷賢與愚飄蕭將素髮
汩沒聽洪鑪邱壑曾忘返文章敢自誣
此生遺聖代誰分哭窮途卧病淹為客
蒙恩早厠儒廷[illegible]江湖灩澦

第五章

国学大师

严复学成回国后，为了提高国学功底，特意拜“桐城派”宿儒吴汝纶为师。良好的文字表达能力不但为向皇帝上书言事提供了方便，也使他后来的译著更容易被社会接受。

吴汝纶（1840—1903）安徽桐城人，同治年间进士。曾入曾国藩、李鸿章幕府，为“曾门四弟子”之一，被誉为“古文、经学、时文皆卓然不群”的“异材”。主讲保定莲池书院十年。

拜桐城派宿儒吴汝纶为师

严复自小就苦读国学经典，凭过硬的国学功底和丧父之痛引发的情感决堤，以第一名考入船政学堂。1879年9月，严复从英国学成回国。第二年，为提高国学水平，严复特意拜当时中国最著名的散文流派桐城派宿儒吴汝纶为师。桐城派雄踞清代200多年。严复认为，精通国学又重视西学的，除郭嵩焘外就是吴汝纶。

1885年6月24日，严复与郑孝胥相识。郑孝胥是福州三坊七巷人，家族显赫。曾祖郑鹏程为嘉庆元年（1796年）进士，郑家四代人之内即有10个举人，其中有5个成为进士，这5人中又有3个被钦点为翰林。1882年，郑孝胥中福建解元，他是船政大臣吴赞诚的女婿，官至湖南布政史。民国后的1923年，由末代帝师陈宝琛引荐入故宫，任懋勤殿行走，兼总理内部府大臣。他后来当了伪满洲国总理大臣，沦为汉奸，令人齿冷。在近代文学史上，郑孝胥是一位广有影响的诗人，开创了清末“同光体”。郑孝胥又是一位极具个性的书法家，在近代堪称一代宗师。20世纪20年代书法界有“北于南郑”之称，说的就是北方的于右任和南方的郑孝胥。当时郑孝胥对严复的国学水平不以为然，认为严复虽然绝顶聪明，但文章还不够精妙，就像没有经过修饰的粗布衣服。此后，严复与罗丰禄、郑孝胥常常聚会，彼此视为知己。

《天演论》因其渊雅的桐城派文风而为知识分子所喜爱。“天下文章其在桐城乎？”以戴名世、方苞、刘大櫆、姚鼐为代表的桐城派文风风靡一时。胡适说过：“严复林纾是桐城的嫡派，谭嗣同康有为梁启超都是桐城的变种。”这种文风与八股文截然不同。八股文专讲形式、不注重内容，文章的每个段落死守着固定的格式，连字数都有一定的限制，考生只是按照题目的字义敷衍成文。桐城派讲究义法，提倡义理，内容多是宣传儒家思想，尤其是程朱理学；语言则力求简明达意，条理清晰，“清真雅正”，反对俚俗。吴汝纶称《天演论》“其书乃骎骎与晚周诸子相上下”，堪比春秋战国时期诸子百家。严复译作篇篇是声韵铿锵的典雅古文，他运用桐城派文体达到很高的国学水平，不仅得到老师的高度评价，连保守派也为《天演论》的文采倾倒。

吴汝纶长严复14岁。他对严复来说既是尊敬的师长，又是知心朋友。严复最早出版的《天演论》和《原富》，吴汝纶都是第一个读者和修改者，吴汝纶读《天演论》后为之倾倒，立即致函严复：“得惠书并大著《天演论》，虽刘先主之得荆州，不足为喻。”而且还为这本书写序。

1903年2月，严复正要把翻译好的《群学肄言》寄给吴汝纶，可就在这时传来吴汝纶因病逝世的消息，严复悲伤不已。过去严复每译脱稿，都要先寄给吴汝纶。吴汝纶总能马上看到最根本处，两人的思想高度一致，所以严复必求其序。如今，吴汝纶走了，严复就像庄子失去惠施而没有辩论的对手，俞伯牙失去钟子期而断弦不再鼓琴，认为没有人可以为他的译著写序了。所以，严复在这本书中模拟太史公的笔法自序。

吴汝纶

为了纪念吴汝纶，严复集李商隐、陆游

的诗句为他写挽联：

平生风义兼师友，
天下英雄惟使君。

这里既说明两人的师友关系，又有自信两人堪称学界权威。

严复又有挽诗一首：

仙舟几日去东瀛，梁木归来忽就倾。
难遣此哀惟后死，忍将不哲累先生。
人间鸡塞方为帝，海内雄文孰继声？
地下倘逢曾太傅，定知老泪各纵横。

诗中称没想到吴汝纶从日本回来不久就突然过世，先生以才学经略报国，正是引领群贤卓有成效之时，却撒手走了。先生走后，放眼四海，再也找不到人能传承先生的衣钵了。

四次参加乡试，不懈苦读国学

严复原来满怀信心要把从西方学习的知识和自己的才华充分施展出来，但归来后却一直没有这样的机会，长期在天津水师学堂的教务长的职位上。严复与罗丰禄、郑孝胥在一起都有怀才不遇的感觉。

就在这一年，严复第一次走上科举道路，他捐了一个监生，首次回福州参加秋天举办的乡试。那天，郑孝胥依依不舍地一直送他到运河边。但是，严复不第而归，心情郁闷，常常借酒消愁。北方冬天早来，一天下午，郑孝胥去紫竹林北洋水师营务处拜访朋友，出来后又去了严复住处，当时晚风甚寒，严复已经酩酊大醉。

严复为什么还要参加科举？他清楚地看到，中国社会还是老样子，尤其是官场，不想当官就成不了大事，所说的话也得不到社会重视。想当官不通过科举就无法实现，没有人知道留学生的含金量高

“皋比”指虎皮，因宋代大儒张载坐虎皮讲《易经》，后来教书称为“坐拥皋比”。

低。严复的孙女严停云曾说，“其实他一向反对科举，尤感八股文误国误民。当时希望科举得名，是想借此为传声筒，使自己的言论能广达国人耳中。”大概能更准确地点出他的动机。但是，许多人误以为，严复没有摆脱旧观念，还是想通过科举当官。也有人认为严复是为了科举才向吴汝纶学习国学的。

北洋水师学堂中像严复这样想参加科举的还有许多福建人，他们来往于天津与福建，长途跋涉，非常浪费时间。李鸿章为此奏请朝廷，准许北洋水师学堂学生及教习人员一体乡试，严复不必再为乡试奔波了。1888年，严复第二次赴考，去北京参加顺天乡试，又不第。1889年，慈禧太后“归政”，光绪帝“亲政”，本来三年一次的乡试，又多一次恩科乡试。严复又赴京参加，仍然不第。

11月，严复报捐同知（知府的佐官，正五品），海军保案免选同知，以知府（从四品）选用。年底，李鸿章任命严复为北洋水师学堂会办，第二年又升任总办。1892年，海军保案免选知府，以道员（正四品）选用，分发直隶。

尽管以道员身份应酬各方人士已经风光了许多，但是只要科举不成功，仕途前景就依旧渺茫。严复的同乡、北洋水师学堂的汉文教习陈锡瓒在1892年中了进士，衣锦还乡，严复在给他的一首诗中说：“四十不官拥皋比，男儿怀抱谁人知？”严复感叹自己40岁了还在教书，为国大展宏图的情怀无人知晓。

虽说“事不过三”，严复还没有放弃科举的努力。1893年秋，由于两次顺天考试不利，严复这次想回福州再试试运气。他路过上海，

探望大他10岁的老乡叶大庄。于是两人结伴回乡，一起住在故乡阳岐的玉屏山庄。

但是，这次严复依然没有考上。一个首届留欧学生、堂堂四品官员、北洋水师校长都考不上举人，充分暴露出旧科举制度的弊端。严复坦承自己的八股文技术还是不精。那么他为什么不下苦心学习八股文？这与他厌恶八股文有关。所以，他在《马关条约》签订之后发表的《救亡决论》中，激烈抨击八股文“锢智慧”“坏心术”“滋游手”等弊端，即八股取士是用死板八股禁锢人的思想，是弄虚作假、造就心术不好的人，是培养无所事事、游手好闲的人。

从另一方面说，四次乡试让他努力苦读国学，收获不少。1906年10月在科举考试废除后举行的第一次留学毕业生考试中，由严复和詹天佑担任副主考官（主考官为唐绍仪）。严、詹二人都是福州船政学堂的毕业学生，唐绍仪、詹天佑作为中国首批留学生留学美国，但他们那时还是儿童，没有学成就回国了。詹天佑成了第八届船政学堂驾驶班学生。这一年虽然废除了科举制度，但留学毕业生还是要被赐予进士或举人的。具有讽刺意味的是，虽然严复自己还不是举人、进士，却当了他们的考官。

到了1910年1月，严复58岁了，才被赐予了文科进士，同一批的还有詹天佑、魏瀚等19人，严复列第一，以下是工科的詹天佑、魏瀚列二、三名。福建同安人辜鸿铭虽然列第八，但在文科中还是第二。这时的严复已经十分淡定，写诗道：

自笑衰容异壮夫，岁寒日暮且踟蹰。

一生献玉常遭刖，此日闻韶本不图。

是啊，严复一生有许多宝贵的救国良策，朝廷都置之不理，如楚人和氏得玉璞献之厉王、武王，反被先后刖去两足。如今他对进士称号已经不感兴趣了，因为这时的严复，早已经是一位被公认的国学大师了。

当之无愧的国学大师

如果没有深厚的国学基础，决然不可能成为西学第一人。梁启超说严复，“于中学西学皆为我国第一流人物”，他还认为，由于严复在思想界的贡献太大了，把他在国学和文学上的重大贡献给掩盖了。胡适也认为严复“他的译本在古文学史也应该占一个很高的地位”。

作为国学大师的严复不是国粹主义者，他不赞成“中体西用”观。他“损”中国传统文化，是为了“益”它。他的批评是尖锐的，他曾痛陈八股的弊端，揭露“其为祸也始于学术，终于国家”，主张“痛除八股而大讲西学”。

但是，严复也极力反对全盘否定中国传统文化。

1912年，南京临时政府废止小学读经和跪拜孔子礼仪，虽然对民主教育有益，但是社会上出现了蔑古荒经的极端潮流。这时，一贯提倡自由、民主的严复，却反其道而行之，发起尊孔思古运动。

1913年4月，严复发表《思古谈》一文。他认为，中国一直以来都是以古代文明著称全球，而今天的维新者却以此为耻。全国上下倡导新事物，这固然是好事，但是，向往西方的新潮主要是追求物质文明。要知道，区分一个国家和民族的高下，“要以国性民质为先”，也就是以国家精神和人民素质为主要标准，而不是以“形而下”，即物质的东西为标准。而我国的国性民质，根源盛大。那些诋毁中国文明的，主要是不学习的人。只要谁曾经研究过东方的历史，一定会为中华民族的辉煌文明而惊叹。

严复对中国的“国性民质”和国家的前途充满信心。他说，我们将冲破艰难险阻，向着光明的未来前行，成为屹立于世界之林的不骞不崩的民族，这绝不是“乞灵他种之文明余唾”。我们的国性民质是受数千年先圣先王的陶熔慢慢形成的。4亿的中国人民，通过努力，将成为不可抗拒的力量。

严复呼吁："蔑古之徒，可以返矣！"

6月，严复被推为领头人，与梁启超、林纾、夏曾佑、马其昶、姚永概等200人，成立了北京孔教公会。

9月3日上午，孔教公会在北京国子监举行仲秋丁祭祀孔，由众议长汤化龙主祭，严复和梁启超分别做了演讲。

严复不是简单地推行尊孔复古，更重要的是，他为国学的坚持与发展开辟了一个新境界，即要与西方文化融会贯通。一方面，严复用中国的传统文化解释西方文化，另一方面，又用西方文化来解释中国文化，赋予中国传统文化新内涵。严复说："欲读中国古书，知其微言大义者，往往待西文通达之后而后能之。"意思是，要深刻理解中国古代经典的微言大义，必须通晓西方知识，才能运用于现实社会。

严复是这样说的，也是这样做的。例如，他在通达西方哲学之后，为《易经》《老子》《庄子》的解释增加了新意。他认为老子的道"同谓之玄，玄而又玄，众妙之门"，西学哲学家也"不出此十二字"。老子的"道"说的是万物的本源，是玄而又玄又带有普遍性的东西。《易经》的"太极"也是同样的东西。严复说，这和西方哲学家讲的"第一性"，佛教讲的"不二法门"，都是"万化所由起讫"，讲的是万物变化的根源，是直探本原之论。

严复还把最影响他世界观的斯宾塞思想与中国传统文化，如朱熹理学经义紧密联系起来。对斯宾塞《社会学研究》(《群学肄言》)一书，严复说：

> 窃以为其书实兼《大学》《中庸》精义，而出之以翔实，以格致诚正为治平根本矣。每持一义，又必使之无过不及之差，于近世新旧两家学者，尤为对症之药。

他发现斯宾塞的书中观点可以和《大学》《中庸》等中国古代经典的核心思想相印证。严复认为斯宾塞的著作是认识世界、内心修养、改造社会、治国平天下的处方和纲领。其观点适度而不偏激，可以纠正新旧两家学者的极端。

严复把斯宾塞社会学著作的思想和方法论与中国儒家典籍的精髓相比较，找出它们之间的共同点，为中国传统文化现代化开辟出新路径。

同时，严复用中国传统文化精髓对西方现代性最根本价值的自由方面做了解释：

> 故曰人得自繇，而必以他人之自繇为界，此则《大学》絜矩之道，君子所恃以平天下者矣。

儒家以“絜矩”来象征道德上的规范。絜矩之道是指内心公平中正，做事中庸合德，以身作则，推己及人。严复在介绍西方自由观时，无论是从亚当・斯密，还是从穆勒和孟德斯鸠，都没有随意引申出极端个人主义，而是依原著思想，把自由看作有限的权利，必须以他人的自由为界。

霜林老雁閒無閑畦東指麥畦西種得青猗猗畦東已作牛尾稀明年麥熟芒挾犁農夫未食雁先啄徐行俯仰若自歎鼓翅跳踉以牛角憶昔舜耕歷山鳥為芸此今老雁種麥更辛勤農夫羅拜雁飛非勸農使者來行水

書東坡雁種麥行為

湛安仁兄清屬 戊午五月黃廷敬

第六章

译界泰斗

严复的英文基础扎实，他在国家危亡之际阅读了许多国外各学科的著作，依据自己提出的“信、达、雅”的标准翻译了以《天演论》为代表的八部社会学经典著作，在当时被公认为译界泰斗。

坚实的英文基础

严复15岁进船政学堂学习英文和自然科学，由外籍教师以英语授课，使用英文原版教材。毕业后又在福建船政见习期间常常与日意格等外国人在一起。后来又在英国留学两年多，周围都是英语的环境。所以，严复的英语水平不论是应对日常生活对话，还是在自然科学、社会科学等专业领域，都非常得心应手。

在英国留学期间，他的翻译水平之高已见端倪。1879年1月22日，正值中国农历大年初一。郭嵩焘在驻英使馆设晚宴，请原来英国驻广州领事罗伯逊、主持在伦敦设立中国海关办事处工作的金登干等9个外国朋友，除6名作陪的使馆人员外，严复是唯一的中国人。席间罗伯逊起立讲话，颂赞郭嵩焘，郭嵩焘致答谢辞，由英国译员马格里翻译。事后，郭嵩焘问严复马格里的口译水平如何，严复坦率地说马译还不能完整地表达出原意，不妥之处甚多。而使馆的两位中国译员也不能分辨出来。所以，郭嵩焘非常看重严复，在致友人信中说："出使兹邦，惟严君能胜其任。"他认为严复的西文水平非常胜任外交官一职。

在创办天津水师学堂期间，严复兼任英文和数学教师。他平时常常阅读许多西方英文版的名著，即使在四次科举期间也没有放弃，特别在甲午海战、国家危亡时期更加抓紧读西方著作。1894年11月，他对长子严璩说："我近来不与外事，得有时时多看西书，觉世间惟有此种是真实事业。"

他读的西方英文版书籍涉及社会科学各个领域，例如：达尔文的《物种起源》，赫胥黎的《进化论与伦理学》《科学与教育》，斯宾塞的《第一原理》《社会学研究》《社会学原理》《教育论》《伦理学原理》，亚当·斯密的《国富论》，马尔萨斯的《人口原理》，耶芳斯的《政治经济学浅说》《名学浅说》，穆勒的《论自由》《逻辑学体系》，霍布斯的《利维坦》，孟德斯鸠的《论法的精神》，卢梭的《社会契约论》，甄克思的《政治简史》，康德的《纯粹理性批判》等。

由于严复对自然科学和社会科学各领域、各学科基本英文术语非常熟悉，而他的国学水平也是一流的，这就能够让西学讲汉语，让中国人读得懂翻译出来的内容。

提出“信、达、雅”翻译标准

严复提出的“信、达、雅”翻译标准，出现在《天演论》中的“译例言”中：

> 译事三难：信、达、雅。求其信已大难矣，顾信矣不达，虽译犹不译也，则达尚焉……《易》曰“修辞立诚。”子曰“辞达而已”。又曰：“言之无文，行而不远。”三者乃文章正轨，亦即为译事楷模。故信、达而外，求其尔雅……

这段话是说，翻译有三个难点：“信”指内容信实，意义不违背原文，译文要准确；翻译能做到信本来就已经不容易了，但是，如果内容信实而语言不够流畅通达，这样的翻译实际上等于没有翻译。《易经》说，修饰词句要确立内容真实。孔子说，文辞只要求畅达就可以了。但他又说，言辞没有文采就流传不远。所以，信、达、雅是翻译的终极标准。

翻译达到“信”，的确很不容易，而严复要翻译的内容，对于一般的译者来说，则是难上加难。为什么？因为严复翻译的不是日常生活中的事件和人物，不容易被大家理解。他翻译的是自然科学界和社会科学界许多新的概念、原理，在当时的汉语词汇里，许多概念都没有对应的词。所以，严复要创造新的汉语词汇，而且还得非常慎重。

比如我们现在熟悉的“导言”一词就是严复确定的。因为《天演论》的正论部分道理比较艰深，所以就先译了比较浅近的导言，使人们了解进化论内容时能够循序渐进、由浅入深。最初，英文“导言”被译为“卮言”。严复的好友夏曾佑是进士出身，与严复一起在天津创办《国闻报》，积极宣传西学，对戊戌变法起了推动作用。他提出“卮言”已经被滥用，而且佛经上原有这个名目，不好再用，建议用“悬谈”。所以从1897年12月8日起，在《国闻报》上分期刊出《天演论悬疏》。后来，吴汝纶又认为“悬谈”也是沿袭佛经上的专有名词。严复后来自己仔细琢磨，认为“悬谈”或“悬疏”的“悬”是“细丝”的意思，与我们现在理解的“导言”的含义不够贴切，所以就将后来发表的《天演论》上卷定为“导言”，下卷为“正论”。

还有些词汇是严复自己创造的，如“物竞”（生存竞争）、“天择”（自然选择）。他说：“一名之立，旬月踟蹰；我罪我知，是存明哲。”往往确立一个概念，都要花许多时间，在数月内反复思考。是责骂还是理解他，都有待于明智的哲人的评价了。

翻译达到“信”远远不够，至少还要“达”。流畅通达也很不容易，不能死译、硬译，只要能够准确表达原文意思，就不要局限于逐字逐句的顺序。这要求译者“将全文神理，融会于心，则下笔抒词，自善互备。至原文词理本深，难于共喻，则当前后引衬，以显其意。”严复认为译者在翻译时一定先要把全篇的精神好好理解，融会于心，然后下笔翻译时就能够互相照应而又意义完备。如果原文的意思本来就很艰深，难以使大家都能理解，就应该前后文互相引导衬托，让全文的意思更容易显现出来，这样做就能够使译文在尊重原意的基础上能更通畅流利。

要做到将“全文神理，融会于心”实在不容易。严复认为，像《天演论》论及的逻辑、数学、物理等各学科的原理，即使是没有语言障碍的外国人，许多人也看不懂，更何况还要翻译为中文。因此，翻译者必须有扎实的自然科学和社会科学各领域的基本知识。在当时，中国没有几个人能达到这个水平。

他的老乡、船政学堂和英国格林威茨皇家海军学院的同学萨镇冰最了解严复，说他是读书极多的人，有些书他反复读过多遍，烂熟于胸，并且具有自己的心得。等到他想译书时，只需要从已熟读的书中去比较和挑选，看哪一本应该译，或者应该先译。

对此严复也非常自信，他对中国出版第一人、商务印书馆编译所长（后为董事长）张元济说："彼中尽有数部要书，非仆为之，可决三十年中无人为此者；纵令勉强而为，亦未必能得其精义也。"严复说西方有几部非常重要的理论著作，现在只有我能翻译，三十年内没有其他人可以胜任这个工作。即使有人勉强为之，也未必能够了解其中精义。严复之"狂"，自有其底气——近现代确实鲜有翻译家能像严复那样涉及如此广泛的学科和领域。因为要达到"全文神理，融会于心""得其精义"，就必须学贯中西，精通自然科学和社会科学知识。

翻译不仅要"信""达"，还最好要能"雅"，文采斐然。在严复那个时代，有三种通行的表达思想的语言方式：八股文、先秦古文和近世俗语。八股文刻意追求形式，难以表达思想。用近世俗语翻译小说之类是很受百姓欢迎的，但要表达深奥的义理，不用先秦古文，就难以达到效果。因为在严复看来，西方思想家与中国思想家有许多一致的观点，而中国思想家的思想源头在先秦诸子百家著作中。所以严复说："实则精理微言，用汉以前字法、句法，则为达易；用近世利俗文字，则求达难。"

对于严复采取先秦古文翻译作品后人有些异议，如胡适、张君劢、瞿秋白，都批评严复，甚至说他是用死了的文字译西方现代思想。鲁迅却说严又陵的翻译与赵景深的翻译有"虎狗之差"。

但是，我们必须把严复的翻译手法置于那个时代背景来考察，才能对他的“雅”有个公正的评价。严复翻译的目的要唤起国民救亡图存的意识，首先是要唤醒知识分子精英阶层，也包括顽固的士大夫们。严复时代的文化氛围是国学一统天下、古文高度发达。新的思想首先必须被社会精英人士先接受才能产生影响，如果他们不想读它，怎么能够为普通人所接受？

蔡元培说得很好：“他的译文，又很雅驯，给那时候的学者，都很读得下去。所以他所译的书在今日看起来或嫌稍旧，他的译笔也或者不是普通人所易解。”

鲁迅也说：“最好懂的自然是《天演论》，桐城派气息十足，连字的平仄也都留心。摇头晃脑地读起来，真是音节铿锵，使人不自觉其头晕。这一点竟感动了桐城派老头子吴汝纶，不禁说是‘足与周秦诸子相上下了’。”

既然士大夫阶层都爱读，四方读书之子也争购，上至亲王权贵，下到中小学堂，都喜欢《天演论》，严复的先秦古文的“雅”便是对了。现在社会对严复及其著作陌生，是因为我们对国学陌生了，我们几代人不再接受比较系统的中国传统文化的教育，怎么能够理解严复及其思想呢？

译才并世数严林

林纾曾经送康有为一幅《万木草堂图》，康有为写诗回赠，首句即“译才并世数严林”。他认为严复和林纾都是当时的译界泰斗。

严复和林纾是福州同乡，也是好友。三坊七巷光禄坊的玉尺山房是林纾童年和青年的居住地，而三坊七巷的郎官巷是严复晚年居住的地方。林纾翻译的《巴黎茶花女遗事》（《茶花女》），是第一部中译西方小说，此书由三坊七巷著名的有吴玉田刻坊刻制。林纾先后译出世界十多个国家近百名作家的180多部作品，称得上世界名著的林译精品有40多部。林纾以生动的形象介绍西方的文化，在感性层面让国人了解西方人的生活方式，因此，他的翻译小说也具有思想启蒙意义。很多现代作家都是从读林译小说开始对西方文学产生兴趣，如郭沫若、鲁迅、冰心等等。

与林纾不同，严复则是在理性层面对国人进行全方位的思想启蒙，他比较系统、创造性地翻译和介绍了许多西方著名现代思想家成熟的思想和代表作。

吴汝纶断定："自吾国之译西书，未有能及严子者也。"中国没有人能够在翻译介绍西方著作方面超越严复，严复翻译介绍的都是西方名人名著，而且还涉及各个领域。

梁启超在"八贤歌"中这样称赞严复：

哲学初祖天演严，
远贩欧铅搀亚椠，
合与莎米为鲽鹣，
夺我曹席太不廉。

这首诗开首即称译《天演论》的严复是中国近现代第一位思想家。第二句说严复的著作是中西文化融合，"铅椠"是古人书写文字的工具粉笔和木板片，指文章和典籍。第三句把严复与英国文艺复兴时期的戏剧家、诗人莎士比亚及欧洲近世大诗人弥尔顿相提并论。"鲽鹣"指比目鱼和比翼鸟，比喻严复和"莎米"的成就可以并驾齐驱。最后一句开玩笑说，严复的译著、诗作影响之大、思想之新、文笔之美，简直要夺占我辈在文坛的席地了！

通过文学之美，表达哲学之思，这就是为什么《天演论》风靡全国上下的原因。由于严复在译界、思想界不可动摇的领袖位置，使得他的文学家与书法家的名声就显得不那么突出了。

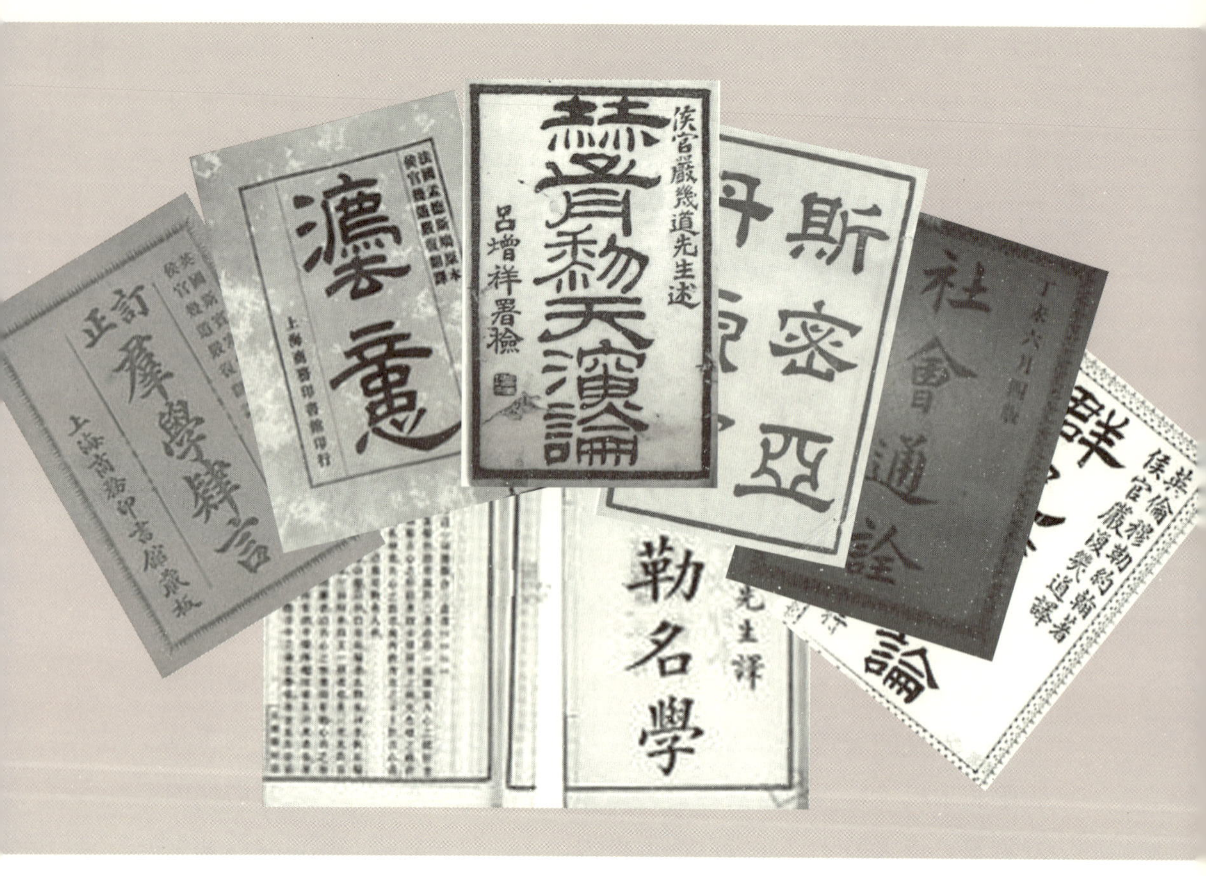
訂正
群學肄言
上海商務印書館藏板
法意
上海商務印書館印行
侯官嚴幾道先生述
天演論
呂增祥署檢
斯密亞
社會通詮
丁未六月印
勒名學
先生譯
英倫穆勒約翰著
侯官嚴復幾道譯
論

第七章

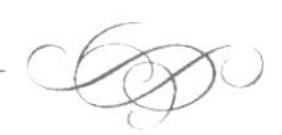

思想巨人

严复这八部译著是他系统翻译介绍西方先进思想的结果，涉及哲学、社会学、经济学、政治学、逻辑学等多个领域，奠定了他在中国思想史上的重要地位。

1895年，甲午战争中国屡战屡败。陆军见敌即溃，连失平壤、沈阳、大连等要地，海军将领刘步蟾、林泰曾、邓世昌、林永升、黄建勋等英勇牺牲。这时，严复见时局无法挽回，于是更努力阅读西方著作，觉得这才是真正有意义的事。严复自觉着手开展全民族思想启蒙的事业，自认为在当时唯有他才能担此重任。他的基本思想在甲午海战失败后连续发表的5篇政论文中已经阐述过，接下来要做的就是系统翻译介绍西方先进思想。他认为启蒙必须译述“正经西学”，“今欲选译，只得取最为出名众著之篇”。所以，严复翻译的都是选择当时西方社会科学各个领域最著名思想家的代表作，并以此为荣：“使前数书得转汉文，仆死不朽矣。”果然，严复八大译著横空出世后，奠定了他在中国思想史上的重要地位。

一声惊雷唤醒睡狮

严复八大译著中最著名的是《天演论》。这部书结合了原著和他自己的思想，改变了以儒家为核心的中国思想文化传统“天不变，道亦不变”的思想和历史循环论世界观，开辟了中国思想史上堪称具有现代性质的进化论时代。现在自然界的“天”变了，那么人类社会的“道”也必须随之变化。不是周而复始地循环，而是一个“物竞天择，适者生存”的进化过程。

严复在《天演论》中指出：“欧墨物竞炎炎，天演为炉，天择为冶。”世界各国家和民族竞争残酷，只有通过激烈的生存竞争，依据生物进化的规律，自然选择，优胜劣汰。但赫胥黎此书的本意是反对“任天为冶”，即任凭自然法则控制人类行为，而是在尊重进化规律的前提下，要发挥人的主观能动性，与天争胜，要自强保种，使自己国家强大，屹立于世界民族之林。

如何自强保种？严复认为，“能群者存，不能群者亡；善群者存，不善群者亡。”他引用斯宾塞的“保种”观点并且进一步说追求个人自由有个限度，当发生矛盾时，要“己轻群重”，个人要服从社会。

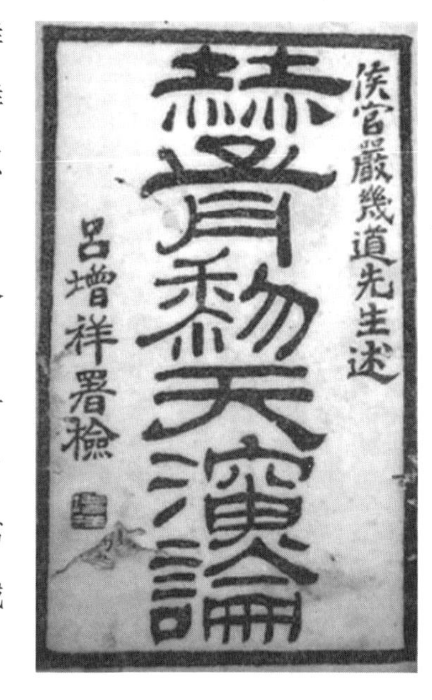

《天演论》

正当中华民族危机空前深重的时候，《天演论》的“物竞天择”观念自然引起思想界强烈的震动，“优胜劣汰”的规律确实像当头棒喝，给了屡战屡败、蒙羞受辱的中国人极大的刺激，如一声惊雷唤醒睡狮：中国只有自强才能保种。只有不侵犯别人自由，群己成员坚持“己轻群重”，才能“合群”，增强群体凝聚力，才能在各国家及民族之间的激烈竞争中脱颖而出，坚持抗争弱肉强食的“天演”法则，中华民族才有生存的希望。

《天演论》一书末尾，赫胥黎号召人们坚定信心，与人类自私的本能做斗争。严复在翻译时，把读者的注意力转向现实的生存斗争。认为现在的这一代人，不应该有荷马歌唱的少年武侠式的轻剽，也不应该如面黄肌瘦的释迦牟尼脱离尘世，表现出懦弱而对后人无益，而应该沉着坚毅、英勇雄壮，坚定步伐，义无反顾，绝不屈服，“可争可取而不可降”。

译作用英国诗人丁尼生的一首诗鼓舞大家：“丁尼生之诗曰：‘挂飘沧海，风波茫茫，或沦无底，或达仙乡。二者何择？将然未然，时乎时乎，吾奋吾力。不竦不戁，丈夫之必。’吾愿与普天下有心人，共矢斯志也。”

冯君豪所译的白话文译文为：

“丁尼生诗云：‘行舟大海，帆举高高，风掀波浪，滚滚涛涛，也许会沉入海底，也许会抵达仙岛。两条路拟选哪一条？将要决定还未见分晓。时间啊时间，我振作勇气，百折不挠。我一无恐惧之念，这才是男儿的坚定情操！’我愿与普天下有心人，一同宣誓，躬行此志。”

如此富有鼓动性的文采，怎不令亿万国人热血澎湃！

从1896年到1898年间，《天演论》的思想早已在思想界传播开来。严复把《天演论》原稿给了许多好友传阅，1896年10月，也寄给了梁启超。严复的译稿曾经让梁启超复诵十数遍而不能释手。他对严复说，除了他的老师康有为外，爱他的和能够教他的，无如严先生。梁启超未待《天演论》正式出版，已经开始大加宣传。向来目空一切的康有为，从梁启超那儿看了《天演论》译稿以后，说“眼中未见此等人”，在《与张之洞书》中称严复为“中国西学第一者”。

《天演论》问世以后，“天演”“物竞”“天择”“适者生存”等新名词很快充斥报纸刊物，成为热门字眼。在戊戌变法失败，康有为《孔子改制考》的影响力渐渐下降时，《天演论》的魅力却与日俱增。在短短的十多年中，发行过30多种不同的版本，甚至成了中学生读物，这是当时任何其他西学书籍都不能比拟的。胡适回忆，他中学读书时，第一次读《天演论》，高兴得很。国文教员杨千里出的作文题目是“物竞天择，适者生存，试申其义”。胡适的原名叫嗣穈，学名洪骍。当时严复宣传的进化论成为时尚，胡适就请二哥替他起个学名，二哥马上就说：“‘适者生存’中的‘适’字怎么样？”于是他就改名胡适，字适之。

亚当·斯密，18世纪英国著名的经济学家和伦理学家。他于1759年出版的《道德情操论》获得学术界极高评价。在他1776年发表的《国富论》中。他关注两个问题，一是道德，穷人的生活；二是效率，是市场。

八大译著全面启蒙

严复的八大译著为哲学之《天演论》，经济学之《原富》，社会学之《群学肄言》和《社会通诠》，政治学之《群己权界论》和《法意》，逻辑学之《穆勒名学》和《名学浅说》。

1896年10月，严复就急于翻译亚当·斯密的《国富论》。动笔不久，因为《天演论》最后定稿，创办《国闻报》及翻译《群学肄言》，这本书的翻译工作被暂缓。到了1897年底《群学肄言》前两篇以《劝学篇》之名发表后，严复又将注意力转向《国富论》，于1898年3月译好其中一册，寄给吴汝纶商榷。当时正是戊戌变法前夕，严复认为变革不仅仅在于政治体制，还在于经济方面，应改变中国重农抑商、由小农经济占主导的局面，力主发展市场经济。他说："夫计学者，切而言之，则关于中国之贫富；远而论之，则系黄种之盛衰。""计学"即经济学，严复认为经济学研究的是关于中国贫富，甚至中华民族盛衰的问题。

《原富》

《国富论》是现代经济学的开山之作，后来的经济学家基本是沿着他的方法分析经济发展规律的，这部著作也奠定了资本主义自由经济的理论基础，第一次提出了市场经济会由“看不见的手”自行调节的理论。马克思主义三大来源中的经济学来源是英国古典经济学，其代表人物就是亚当·斯密和大卫·李嘉图。马克思说：“亚当·斯密第一次对政治经济学的基本问题做出了系统的研究，创立了一个完整的理论体系，把英国资产阶级古典政治经济学提高到一个新的水平。”

这本书写作的年代，正是英国资本主义的成长时期，它必须冲破残余的封建制度和流行一时的重商主义的限制政策的束缚，迫切需要一个自由的经济学说体系为它鸣锣开道，《国富论》应运而生。

严复的《原富》是这本专著的第一个中文译本，严复是将西方经济学引进中国的第一人。

当时中国经过洋务运动，民族资本主义开始发展，与《国富论》时期的英国环境比较相似。严复希望中国学习英国，用亚当·斯密的经济学思想开启中国人的智慧：“且欧亚互通以来一切商务情形皆多考列，后事之师，端在于此。又因其书所驳斥者多中吾国自古以来言利理财病痛，故复当日选择特取是书……”在《国富论》中，亚当·斯密不仅仅谈西方资本主义经济发展原理，而且也考察了许多欧亚、中西经济交往的情况，他批判的重农抑商恰恰就是中国历来经济发展的思想束缚。

1902年11月，《原富》（共5篇）全书出齐，1903年初结集再版印刷2000册，两天内便被抢购一空。该书虽然在社会上没有像《天演论》一般引起轰动，也掀起了巨大的反响。郑孝胥对此高度评价，认为：“此书竟成，百家当废”。有些人虽然未必能读懂它，但置于案头，也不失雅士风度，是一种追赶新学潮的表现。

梁启超早在1901年对《原富》首二册在《新民丛报》创刊号上进行介绍时，就称赞严复是“于中学西学皆我国第一流人物”。但也批评严复“文笔太务渊雅”，不能使学童受益，不利于普及。他说：

“译著之业，将以播文明思想于国民也，非为藏山不朽之名誉也……”认为译著介绍西方文明思想的对象应该是包括学童在内的全体国民，即使是好东西也不能将之深藏起来。

《群学肄言》

但严复不以为然，认为他不是为了追求“藏山不朽之名誉”。他的书怎么能针对学童呢？学童根本读不懂这些理论书籍。“吾译正以待中国多读古书之人”，这些书是给社会精英人士读的，只有他们才能接受西方先进思想。所以，必须符合他们的审美趣味，借用司马迁、韩愈的文采。

严复对读者对象的定位非常有道理。严复是在理性层面做思想启蒙工作，只有读过哲学、经济学、政治学、社会学和逻辑学等书的人才有可能看懂。即便我们现在宣传普及严复思想，首先也要考虑具有较多学识的人群，尤其是领导干部。只有他们懂了，才能把严复极其深刻而丰富的思想内涵从各个领域慢慢向不同人群分别介绍。但首先要全面介绍，而不是教科书中仅有一本《天演论》。

早在1881年底至1882年初，严复就读了斯宾塞《社会学研究》一书，对其阐述的思想非常佩服。1895年甲午战争期间，严复就在《原强》等文章中介绍这本书的思想。1897年底翻译了前两篇，以《劝学篇》之名发表于《国闻汇编》，并把这本书定名为《群学肄言》。1902年《国富论》译稿完成后，严复又马上续译《群学肄言》，很快译完，于1903年5月出版。这是继《天演论》《原富》《穆勒名学》之后出版的社会学译著。

严复也是将西方社会学介绍给中国的第一人。

维多利亚时代指1837年到1901年，即维多利亚英国女王统治的64年，维多利亚时代被认为是英国工业革命和大英帝国最鼎盛的时期。亚里士多德是古希腊博学的哲学家，地位类似中国的孔子、老子。

严复深受斯宾塞思想的影响。斯宾塞生于1820年，迟马克思两年。1903年斯宾塞才逝世，迟马克思20年。斯宾塞被称为维多利亚时代的亚里士多德，可见他思想成就的影响之大。严复1877年到英国留学，正是斯宾塞如日中天的时候，他深受斯宾塞影响就不奇怪了。

《群学肄言》内容丰富，思想深邃。严复对它评价极高，认为它兼有《大学》《中庸》精义，引证翔实，也像儒家追求的最高境界一样，可以成为我们格物致知、诚意正心、治国平天下的根据。

《群学肄言》中提出了社会有机体理论。认为人类社会犹如生物有机体，各部分互相依赖，部分与整体不可分离。社会是一个缓慢的自然进化过程，人的行为与信仰可以影响人类社会的进化过程，但不可能从根本上改变社会有机体的正常进化过程。

《社会通诠》

斯宾塞强调用科学的方法来研究各门学问，并且反对专而不通。严复对此非常赞同，并且身体力行。斯宾塞提出要掌握社会学，必须了解一切科学。并将科学分为三个层次：抽象的思辨科学，如逻辑学和数学；抽象和具体之间，研究事物变化的因果关系的化学和物理学；有具体的研究对象的天文学、地质学、生物学等。斯宾塞反复强调，要研究社会科学，必须认真学好数理化诸科学。1915年，毛泽东读了《群学肄言》后大为感慨，他在给萧子升的信中说："……盖是书名《群学肄言》，其实不限于群学，作百科之肄言观可也。"

1902年底，严复译完《群学肄言》，不久开始译甄克斯的《政治简史》（严复译为《社会通诠》），1903年11月译完，1904年3月出版。

斯宾塞的综合哲学体系中，虽然对军事社会和工业社会（现代社会）有详细叙述，但没有完整阐述人类社会的演进过程。英国法学权威甄克斯的《政治简史》弥补了这一缺憾。甄克斯曾任英国牛津大学法律学高级讲师，该书实际上讲的是政治进化史。

严复在书名上和译文中使用的"社会"，和斯宾塞《社会学研究》中的社会是同一含义，是各个社会组织组成的有机整体。

甄克斯把总体社会演化的进程划分为太古社会、宗法社会和国家社会，他将太古社会描述为一种静寂的古老群落；宗法社会是家长制或种（部）族社会；国家社会是军事的或现代政治的社会。

甄克斯和严复都认为，在宗法社会和国家社会之间存在着一个封建制度的时期。此处的"封建"是指分封建国，即诸侯国林立的时代。这个过渡阶段在欧洲即开始于中世纪，十六七世纪结束。严复认为中国的"封建"阶段是开始于尧舜，到秦统一中国后结束。所不同的是，欧洲从"宗法社会"经过"封建之制"进入了近现代"军国社会"，而中国在"封建"取消之后却形成了"宗法居其七，而军国居其三"的社会。

正因为中国主要是宗法社会，依靠血族、亲属治国，所以，甄克斯反复强调的宗法社会的四个特点，成了严复批判的重点：宗法社会以种族作为国家基础，判定一个人属于何国只"问其种族，而不问其所居""排外而锄非种"，只认自己民族，排外思想严重；以一族一家为本位，进行家长制、家族制；一切皆守祖法，没有竞争、进取精神。严复认为，"中国欲富强自立，必脱其宗法之故而后可。"中国

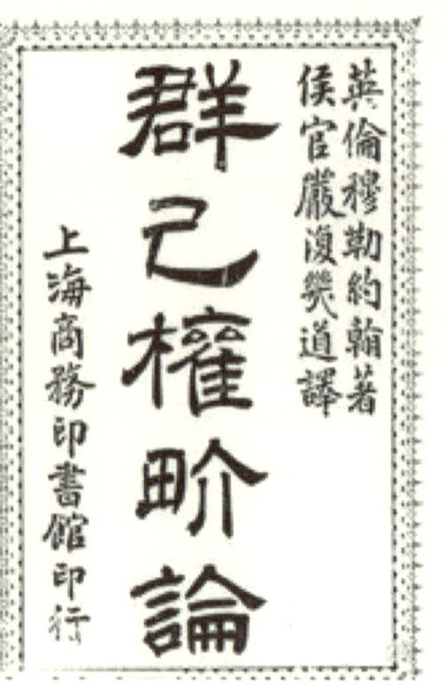
英倫穆勒約翰著
侯官嚴復幾道譯
群己權界論
上海商務印書館印行

《群己权界论》

图强救亡必须反对宗法制度，反对排外、排满的民族主义。

严复译著《群己权界论》是英国哲学家、逻辑学家、经济学家约翰·密尔（严译穆勒）的名著《论自由》，它是政治学的著作。他的另一部逻辑学的著作《逻辑学体系》是一部逻辑学经典著作，是英国经验主义归纳逻辑的总结。严复将它翻译为《穆勒名学》。

严复早在甲午战争期间发表的政论文中，就曾通过中西文化对比，说明自由对于国家富强和民族兴盛的重要性。他指出，中国人不自由而西方人自由，才是导致中西社会差异悬殊的根本原因：“自由既异，于是群异丛然以生”。严复不同意洋务派的“中体西用”观点，认为不能固守中体，必须用自由改铸中体，在政治上要“自由为体，民主为用”。

但是，严复不同意西方一些极端个人主义的所谓自由，也反对中国古代社会那种超然于社会的放任的自由。因此，他选译了穆勒的《论自由》。

《论自由》在1889年就翻译好了，初名叫《自由译义》。但在庚子年，即1890年八国联军攻占天津大沽炮台后，严复仓皇南下避难，所有书籍都没有带着，该译稿也散失了。在混乱中获得译稿的外国人，居然于1893年春寄还严复。严复把译稿略加润笔，以《群己权界论》的名字出版。

《论自由》主要讨论的是公民自由，或者称社会自由，亦即社会所能合法地适用于个人的权利的性质和限度。社会和政府要保障公民孟德斯鸠（1689—1755年）是18世纪上半叶法国杰出的启蒙思想家，资产阶级法的理论奠基人之一。

享受三大自由：言论自由和出版自由；自己追求个人趣味和志趣的自由，即个性自由；个人之间相互联合的自由。全书的要义归纳为两条原则：一是个人的行动只要不涉及自身以外其他人的利害，个人就不必向社会负责交代。二是个人对社会负责的唯一条件是，个人的行为危害到他人的利益，而社会意见认为需要惩罚的话，就应当接受社会或法律的惩罚。

穆勒的“社会所能够合法地适用于个人的权利的性质和限度”被严复以“群己权界”四个字加以概括，清楚地点出了自由民主原理的核心问题：公共领域（群）讲权力，私人领域（己）曰权利；公共领域讲民主，私人领域言自由。公共领域和私人领域要区分清楚，社会和个人都有自己的“权”，但它们的权又都有其界限。显然，严复翻译《群己权界论》的目的是反对封建专制统治。

1748年出版的《论法的精神》是孟德斯鸠最重要的、影响最大的著作，被称为是亚里士多德以后第一本综合性的政治学著作。本书主要讨论了法与政体之间的关系，法与政治权力的关系，以及法与地理环境的关系。该书中提出的追求自由、主张法治、实行三权分立的理论，对世界范围的资产阶级革命产生了很大影响，被载入法国的《人权宣

《法意》

言》和美国的《独立宣言》。

孟德斯鸠把政体分为共和、君主、专制三类。他颂扬英国君主立宪制，这与他在1729—1731年实地考察英国立宪政体、法律制度有关，孟德斯鸠切身体会到英国的政治自由、宗教宽容，赞赏英国议会制度。

《论法的精神》在我国的最早译本是上海公学教师张相文1903年出版的《万法精理》，他是从何礼之的日译本转译来的。因此该译本是由法文到英文，再到日文，最后才是中文，错误较多。严复读后，认为“无条不误”，决定从英译本转译，并更名为《法意》。

严复在翻译本书过程中，增补了300多条按语，是严复所有译著中按语最多的，可见严复对孟德斯鸠思想的重视。

译到“自繇真诠”一章时，孟德斯鸠说法律讲的自由，“非小己之自繇，乃国群之自繇”，个人（小己）的自由，必须受法律制约，自由是做法律所许可的一切事情的权利。严复情不自禁地对此大加赞赏：“此章孟氏诠释国群自繇之义最为精审，不佞译文，亦字字由戥子称出，学者翫之，庶几于自由要义不至堕落野孤禅也。”“戥子”是我国古代一种称量工具，小型的杆秤，专门用来称量贵重物品。孟德斯鸠此章虽然短，翻译过来才7行汉字，但严复认为字字斟酌，像称量贵重物品一样用心。学者把握好它，就不至于理解成佛教禅宗所说的那种自由。

严复早年就非常欣赏西方人严谨的思维方式。在英国留学期间，在一次与罗丰禄一起去拜访郭嵩焘时，严复的一句话给郭嵩焘留下深刻印象：“西洋胜处，在事事有条理”。西方人办事的条理性源于思维的条理性，讲求逻辑。

中国很早就有学者研究逻辑，如春秋战国时期的名家惠施、公孙龙。严复不是一味地崇洋，他善于把古代思想家们的思想与西方思想进行比较，他相信不同的地域人们的文明是共通的。

西方逻辑学中最基本的概念和推理方法，即归纳和演绎，严复认为就存在于中国古代最经典的著作中。归纳法是一种由个别到一般的论证方法。它通过许多个别的事例或分论点，然后归纳出它们之间的共性，从而得出一个一般性的结论。演绎法是由一般到个别的论证方法，从普遍性结论或一般性事理推导出个别性结论。他在《译〈天演论〉自序》中，把孔子治经最严的《易》《春秋》中的即物穷理方法，与西方的归纳（内籀）与演绎（外籀）方法相比较："司马迁曰：'《易》本隐之显，《春秋》推见至隐。'此天下至精之言也。……迁所谓本隐之显者，外籀也；所谓推见至隐也，内籀也。"严复认为司马迁说的《易》自隐微而达明显（本隐之显），就是指演绎推理的方法；《春秋》推论史实而见到最隐微的事理（推见至隐），就是归纳推理方法。

当严复悟到中西逻辑学思想共通之处时，不禁高兴得推开书本站起来说：司马迁的话好像是向人们宣示这一真理！可惜后代人没有把它运用和推广开来。

所以，严复翻译了穆勒的《逻辑学体系》，将译本定名为《穆勒名学》（逻辑学是音译，名学是意译），要更加系统地向国民介绍科学的思维方法。《逻辑学体系》于1843年出版，在穆勒生前曾再版8次，是西方逻辑史上里程碑式的著作。

1900年7月，唐才常等在上海张园召开"中国国会"，容闳被推为会长，严复为副会长。随即唐才常赴汉口组织自立军第五军，自任总司令。后来唐才常起兵举事，但被湖广总督张之洞捕杀。中国国会的首要成员被政府通缉，严复躲入租界避难。这时，许多学者要求严复给他们讲逻辑学，严复就创建了我国第一个"名学会"，并任会长，演讲西方逻辑学一直到第二年5月。西方逻辑学就这样被系统地介绍到

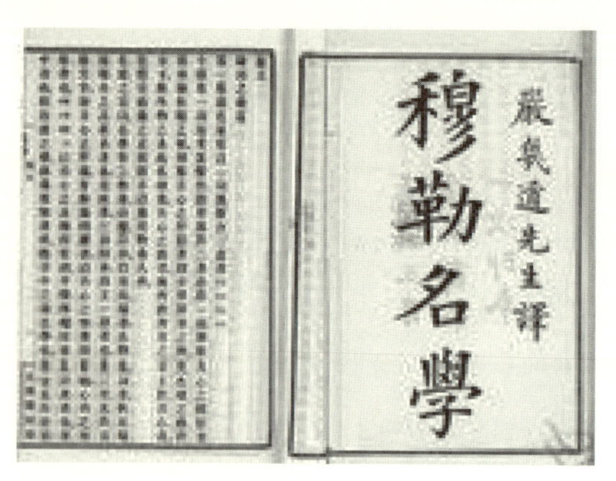

《穆勒名学》

中国来了。福建古田县人，著名的民族学家、社会学家林耀华这样描述当时的情况：“一时风靡，学者闻所未闻，吾国政论之根柢名学理论者，自此始也。”中国的学界对逻辑学“闻所未闻”的状态被严复打破，开始出现现代意义的、严谨思维的理论。就这样，严复又成了中国逻辑学创始人。

《穆勒名学》从1902年3月开始陆续出版，1905年，全书上半部共8册出齐，但后半部由于种种原因不能续译。

还有一本没有译完的书是《法意》，即孟德斯鸠的《论法的精神》。原著共31卷，最后两卷没有译。严复晚年想把这两卷和《穆勒名学》后半部译完，因身体状况不佳而无法实现。

1908年，严复专门为年轻女才子吕碧城系统授逻辑学，采用比较通俗的英国逻辑学家耶方斯的《名学浅说》。当时，26岁的吕碧城是中国第一所女子学堂“北洋女子公学”的校长。吕碧城于1883年生于安徽旌德，父亲吕凤歧为光绪进士。12岁那年，父亲去世。20岁时，她结识了天津《大公报》总经理英敛之，并以绝妙文采得到他的赏识，成为该报第一位女编辑。吕碧城连续发表了多篇鼓吹女子解放的文章，袁世凯之子袁克文、李鸿章之侄李经义等人纷纷投诗迎合，在京津文坛形成了众星捧月的局面。经英敛之介绍，吕碧城成为严复的女弟子。1904年9月，吕碧城出任北洋女子公学总教习。两年后，北洋女子公学更名为北京女子师范学堂，吕碧城任监督。严复边教授逻辑学边翻译，仅仅用两个月时间，《名学浅说》便翻译成书。

1906年，除个别书外，严复八大译著大都已经出版。他系统介绍西方资产阶级政治学并提出自己主张的《政治讲义》，还有他对中国传统文化赋予新解释的《评点老子》两本著作也出版了。6月，严复请大书法家、好友郑孝胥书题写自拟的二语作联：

有王者兴，必来取法；

虽圣人起，不易吾言。

此联一直挂在严复书房，严复对自己的思想非常自信，认为社会变革的领袖要兴起事业，一定要来吸收他的思想；即使有新的思想家出现，也不会改变他的观点。

英国驻华公使朱尔典在中国工作生活了45年，是一个中国通。他评价严复说：“像严先生这样伟大精深的学者，全世界至多只有20位。”

第八章

政 治 理 想

严复希望通过有影响力的译著表达自己的爱国思想和主张，他认为在条件还不成熟的情况下，君主立宪制比较适合中国，但在辛亥革命过后，也转变了思想，全力支持共和制度。

显然，严复的八部译著具有明显的爱国倾向，他不是为翻译而翻译，而是借助译著，并通过序言和大量按语，表达自己的爱国思想和爱国主张，希望达到救亡图存的目的。理解了严复的这一用心，我们才能真正理解严复一生的政治活动。

与孙中山的争论

严复和孟德斯鸠一样，在英国生活了两年，虽然孟德斯鸠比严复早了150年，但两人对英国的立宪政体、法律制度有着同样的感受和看法。严复还通过翻译孟德斯鸠的《论法的精神》进行政治思想启蒙，因此，在政治上，严复是君主立宪派的精神领袖。

1905年开始，严复积极投身君主立宪的运动中。这年他已经53岁了。

这年1月，严复随开平矿务有限公司督办张翼到伦敦帮助打官司。恰好孙中山从美国纽约抵达伦敦，听说严复也在伦敦，便去拜访他。严复对孙中山的革命思想明确表示反对，他说："中国民品之劣，民智之卑，即有变革，害之除于甲者将见于乙，泯于丙者将发之于丁。为今之计，惟急从教育上着手，庶几逐渐更新耳。"在严复看来，中国民众道德低劣，知识贫乏，把一个暴君推翻了，接下来还是暴君统治，因为总体国民素质不行。所以，要从教育着手，逐渐更新现状。

孙中山对严复十分敬重，虽然观点不同，还是说："俟河之清，人寿几何？君为思想家，鄙人为实行家。"孙中山当时虽然只有39岁，但他比严复还要急于改变现状，认为一个人的寿命有限，怎么能够等国民素质提高了再革命？你是思想家，我是革命家呀！你可以等，而我不能等。

后来历史的发展正如严复所料，孙中山领导的辛亥革命出乎意料很快胜利了，也出乎意料很快失败了。长达30多年的军阀混战和国民党独裁统治，正是一个暴君被推翻，上来的还是暴君。但是，依靠腐败的清政府和袁世凯，及一些社会精英可能建立起君主立宪制度吗？也不行！这是中国政治选择的两难困境。而严复至死不渝追求君主立宪制，是因为他所熟悉的英国君主立宪制的结果优于法国的共和制，而付出的社会代价远远低于法国。

严复在英国的照片（1905年）

在1904年2月至1905年9月的日俄战争中，日本以君主立宪小国战胜俄国那样一个专制大国，给清廷上下以很大震动："非小国能战胜于大国，实立宪能战胜于专制。"认为日本以立宪而胜，俄国以专制而败。严复发表《原败》一文，也认为俄国的溃败，"果于专制之末路也"。

1905年夏天，俄国失败已成定局。严复应上海青年会邀请演讲政治学，共八讲。他认为，根据天演法则，民主宪政代替专制独裁是不可逆转的潮流。在民主制度下，民众可以通过议院或国会轻而易举地完成和平"革命"——更迭政府，皇室可以万世不倾，永享君主的位置；而在专制制度之下，只有通过暴力革命才能实现政府更迭，包括皇室在内的统治者终究难免杀身之祸。

中国怎么选择出路？一时间全国各地都开始议论君主立宪。于是，清政府在1905年7月派载泽、端方、徐世昌等5位大臣赴欧洲考察宪政。次年，这些大臣先后回国，上书指出立宪有三大好处："一曰皇位永固，二曰外患渐轻，三曰内乱可弭"。但是，他们要仿效日本，说："日本于明治十四年宣布宪政，二十二年始开国会，已然之效，可仿而行也。"所以，今日宣布立宪，不过仅是明示宗旨为立宪预备。显然，清朝统治者看中的正是"预备"两字。1906年9月1日，清廷颁发了《宣示预备立宪谕》。清末的“预备立宪”主要涉及三个方面的内容：一是行政改革（包括司法改革、教育改革，其核心是官制改革）；二是设立议会；三是实行地方自治。

为了实行立宪，清政府设立了考察政治馆，严复、张謇、郑孝胥等为头等咨议官。次年考察政治馆改建为宪政编查馆，作为预备立宪的办事机构。此后，进行了一些预备立宪活动，比如设立谘议局和筹建资政院。谘议局将作为各省的议事机构，资政院于1907年开始筹建，它的宗旨是“取决公论，预立上下议院基础”，模仿西方的国家议会。但从它的人员组成、议事内容和程序看，它是完全受制于皇帝，毫无实际权力的一个御用机构。

即便预备立宪只是有名无实，这一过程也是步履蹒跚。清政府于1908年8月宣布预备立宪以9年为限，1909年3月下诏重申预备立宪，命各省当年内成立谘议局。12月，16省谘议局代表组成国会请愿同志会，在1910年又三次请愿要求速开国会。1910年5月，严复以“硕学通儒”资格被皇帝选为资政院议员。10月3日，资政院在北京成立，要求1911年召开国会。清政府不得已将预备立宪期由9年改为5年，定于1913年召开国会，1911年先成立内阁。

1911年5月，清政府裁撤军机处等机构，实行内阁官制，由庆亲王奕劻任新内阁总理大臣。在13名国务大臣中，满族8名（其中皇族又占5人），汉族4名，蒙古旗人1名，被讥为皇族内阁。这种皇帝专权，人民无权，以维护封建专制主义为根本目的的“君主立宪”，激起了人民的愤慨，也让立宪派大失所望。

辛亥革命中与革命党人谈判

革命派于1911年10月10日发动武昌起义。清政府为了渡过危机而临时炮制《宪法重大信条十九条》，1911年11月3日公布。这是中国第

1905年12月，晚清五大臣及随员在罗马合影

一部成文宪法，它在形式上缩小了皇帝的权力，相对扩大了议会和总理的权力，但仍强调皇权至上，且对人民权利只字未提。

严复原寄希望于清政府幡然醒悟，扎实立宪，能尽快达到良好的社会效果。但清政府已腐败透顶，无可救药了。这时候，严复用英文给英国《泰晤士报》记者莫里循写了一封长信，表达了对时局的看法。他分析了辛亥革命发生的各种原因，对《宪法重大信条十九条》提出批评，认为这根本不是宪法："它不过将专制政权从皇室转移到未来的国会或现在的议会。"即便如此，颁布时间也太晚了，如在革命爆发前实行，将在帝国产生更大的作用。

但是严复还是坚持自己的看法，认为中国民众素质和周遭的环境太差，至少还需要30年时间改进和同化，所以当前不宜采用共和制度，最可行的办法是建立君主立宪制，"建立一个比目前高一等的政府，即，保留帝制，但受适当的宪法约束。"而且，皇帝也可以用成年的皇室成员代替当前的幼帝。

严复还认为，在大汉族主义思想的支配下，"排满"可能埋下民族仇恨的种子，满族人、蒙古人和新疆人将在外国势力的支持下走向分裂。不久这种担心得到了印证：在1911年11月，外蒙古在俄国煽动下宣布独立。1912年6月，十三世达赖在英国支持下企图将西藏分裂出去。

武昌起义后，清政府起用袁世凯为内阁总理大臣。袁世凯大权在握，并玩弄两面派手腕，一面派重兵给革命军施压，一面利用革命力量要挟清政府。清政府任命他为全权大臣，委派代表到南方讨论大局。袁世凯选定唐绍仪为全权代表，严复等人为各省代表，南下与革命军议和。

湖北军政府都督黎元洪是天津水师学堂首届毕业生，严复利用自己与黎元洪特殊的师生关系为唐绍仪打头阵。1911年12月12日，黎元洪在武昌青山织呢厂为老师举行隆重的欢迎仪式，相见时两人感动得痛哭流涕。革命党30多人参加谈判。严复还是以中国国民素质差等为由，说明不宜实行共和制。革命党与其观点虽然完全不同，出现了论争，但谈判气氛还比较好，没有骄嚣之气。

南北和谈之后，袁世凯逼清室退位，1912年2月13日，孙中山辞去中华民国临时大总统一职。2月15日，袁世凯出任临时大总统。

清政府解体后，严复虽然没有放弃“君主立宪”的政治理想，但他也认为，被推翻的清政府已经无法担当这个大任了。现在既然实行了共和体制，自己也应为国家尽力。具有遗民情节的京师大学堂总监督劳乃宣称病辞职后，2月25日，袁世凯任命严复为京师大学堂总监督，严复欣然受命。9月，严复被任命为总统顾问官。1914年1月，严复又被指定为约法会议议员。严复希望袁世凯成为一个强有力的政治人物，掌控混乱的局面，尽量减少社会变革的代价。

“筹安会”之累

1915年初，日本利用袁世凯急于称帝的心理，提出灭亡中国的“二十一条”，并于5月7日递交最后通牒。“二十一条”分为五号：第一号要求继承德国在山东的一切权利并加以扩大；第二号要求扩大在南满、东蒙的各种权利；第三号企图控制汉冶萍公司；第四号要求中国沿海港湾岛屿概不租给或让与他国；第五号要求中国中央政府聘用日本人为顾问，等等。袁世凯除了对第五号中第七条保留意见外，对其余条款都没有异议。经过日本的一再施压，袁世凯政府最后接受了日本提出的前四号要求，于5月25日与日本正式签订了《民四条约》。

严复像（1915年）

这时，严复对袁世凯态度极其矛盾。早在十多年前袁世凯还是直隶总督兼北洋大臣时，严复就认为："此公外沽有为之名，内怀顽固之实。死权躁进，茫不自知，不出三年必败。"预计三年，确实是太短了些，但袁世凯顽固派专制的本性还是被他看准了。

一方面，严复对袁世凯的才能和人品非常反感。他在与弟子熊纯如的信中说，袁世凯的才能只能相当于旧帝制里的督抚，无法与西方的君主抗衡。而且他又专横跋扈，不善用人，想依靠他改造社会，移风易俗，奠固邦基，都不大可能。另一方面，严复又认为在当时的新旧两派中，找不出比袁世凯更强的人物代替他充当元首了："顾居今之日，平情而论，于新旧两派之中，求当元首之任，而胜项城者，谁乎！此国事之所以重可叹也。""项城"即袁世凯。因袁世凯是河南项城人，所以别名袁项城。袁世凯接受日本"二十一条"后，严复更是心灰意冷。严复一贯坚持君主立宪制的立场和这种矛盾而苦痛的心理，让他在"筹安会"的问题上，给自己留下了终生遗憾。

1915年8月上旬，袁世凯授意他的美国顾问古德诺写了一篇《共和与君主论》，鼓吹帝制。8月14日，杨度串联孙毓筠、李燮和、胡瑛、刘师培及严复，联名在北京石驸马大街发起成立"筹安会"。除严复外，其他孙、李、胡、刘四人都参加过同盟会，曾是名闻一时的革命党，严复是作为著名学者的代表。"筹安会"因宣称其宗旨是"筹一国之治安”而名，他们打着“学术团体”的招牌，名为“研究君主、民主国体何者适于中国”，实则是伪造民意，为袁世凯复辟帝制制造舆论。

在“筹安会”成立之前的8月12日，杨度到北京西城旧刑部街的严复寓所，请他作为发起人参加组织“筹安会”。严复虽然赞成君主立宪制，但是在究竟谁为君主的问题上与杨度有根本分歧。严复已经对袁世凯失去了信心，所以拒绝参加。杨度欺骗他说：“此会宗旨，止于讨论国体事宜，不及其余”。严复轻信他，便答应了，但声明不当发起人。但是，杨度后来还是用了手段把严复列为发起人，并写信向严复致谢，还说袁世凯“极为欢悦”。严复马上意识到上了杨度的当，所以，后来有关“筹安会”和袁世凯登基的事情都不再参加。

9月3日，梁启超在北京英文《京报》中文版发表《异哉所谓国体问题者》一文，公开反对变更国体，复辟帝制。杨度曾经派与梁启超关系密切的汤觉顿、蹇念益赴天津，试图说服梁启超一起发起“筹安会”，梁启超拒绝参与，并写了与杨度的绝交信。袁世凯得知梁启超要发表该文，对梁启超文章的巨大影响力感到恐惧，出价高达20万元，要梁启超看在老朋友的份上不要发表，也被梁启超拒绝。

梁启超在舆论界的影响，唯有严复可以与其匹敌。于是，袁世凯令内史夏寿田出面请严复著文反驳，以一张4万元的支票作为酬劳。严复不为巨额稿酬所诱惑，予以婉拒。后为摆脱袁世凯的纠缠，索性闭门谢客。

1916年元旦，袁世凯复辟帝制，以“洪宪”为国号。3月22日又被迫宣布取消帝制，废除“洪宪”年号，仍以“大总统”的名义发布命令。袁世凯从称帝到取消帝制，总共经历了83天。6月6日，在全国人民的声讨中，袁世凯病逝。

尽管后来严复没有参与袁世凯的复辟帝制活动，但由于“筹安会”这一事实，使他长期遭受非议。严复当时已经63岁了，而且多病，出于多种原因，没有勇气公开登报澄清事实，严复一直为此自责，在与弟子熊纯如的信中说："然而大丈夫行事，既不能当机决绝，登报自明，则今日受责，即亦无以自解。"他在另一封信中又说："不幸年老气衰，深畏机阱，当机不决，虚与委蛇，由是严复之名，日见于介绍，虚声为累，列在第三，此则无勇怯懦，有愧古贤。"

这位中国的普罗米修斯，盗来了西方最先进的思想之火，但理想总是需要几代人的不懈努力才能实现的。与中国圣贤孔子、朱子一样，伟大的思想家往往是杰出的教育家，希望通过教育，让薪火相传，而且还要星火燎原。

第九章

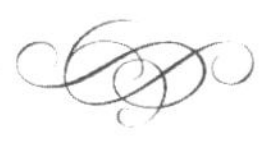

教 育 名 家

北洋水师学堂被八国联军毁掉后，严复更深切地感受到教育国民的重要性。此后，他先后担任了安徽高等学堂、复旦大学和北京大学的校长，为近现代中国的教育事业打下了良好的基础。

1900年，八国联军摧毁了严复苦心经营20年的天津水师学堂，暂时中断了他的教育事业。但是，天津水师学堂不是严复心中理想的学校，因为它是“中体西用”观指导下洋务运动的产物，单纯学习西方军事技术，不是严复理解的救亡图存的根本。所以，他几次想离开它，却没有想到，最终竟是带着国耻，狼狈离去。

之后，严复专心于思想启蒙，连续翻译《原富》《穆勒名学》《群学肄言》《群己权界论》《社会通诠》等书。其间，也担任过京师大学堂译书局总办和开平矿务局总办等职务。

安徽高等学堂监督

1903年底到1904年初，在北京生活了两年多的严复向他的弟子熊元锷说要归乡，专心翻译。决计待春天解冻后举家离京，“闭门读书、授徒”，不久，他辞去京师大学堂译书局总办职务。

在京的福建同乡林纾、沈瑜庆等人，得知他要离京，相约聚会为他饯行。

严复到上海后，想在东南择地办一所传播西学的私学。1905年秋，安徽高等学堂代理监督姚永概探知严复寓居上海，便函请严复主持该校校务。未等严复回复，就携带安徽巡抚诚勋的书信亲赴上海拜访，恳请严复上任。严复为其诚意打动，改变了原先在东南择地办私学想法。这时，严复的密友林纾来信劝阻，加上安徽芜湖有人寄来多封恫吓信，严复又打消去意。姚永概闻讯，再度赴上海请他。严复最终决定，既然安徽给他一个实践其教育思想的机会，就去尝试一下。

1906年4月10日，严复来到安庆。安徽高等学堂为新来的监督（校长）举行了隆重的欢迎会。巡抚恩铭和其他大小官员、社会名流都来参与，他们为能聘请到鼎鼎大名的严复感到高兴。恩铭一直尊敬地称呼“先生”。240余名学生见严复如拜大将，甚为崇敬。严复十分感动，决心干出一番事业来。

安徽高等学堂是安徽第一所近代大学，办学条件非常好，资金充裕，常年办学经费有6万多银圆，必要时还可以追加。但是这所学校学风散漫、管理混乱，因此，严复刚一上任，就对学堂办学的方向、学风与管理展开了大刀阔斧的整顿。

一是确立学制和调整教学内容。采取五年制，三年学基础知识，然后分政法、实业两个专业学习两年。学习内容以西学为主，西学用西文教授，中学用国语教学。严复在1902年5月发表于《外交报》的《与“外交报”主人论教育书》一文中阐述了他的教育思想。严复批判洋务派“中学为体、西学为用”的观点，他说，牛的身体怎么去驰骋疆场，而马的身体怎能负重呢？体用必须统一，要利用西方的科学技术、社会管理，就必须改变中体。改变中体也不是全盘否定，而是“统新故而视其通，苞中外而计其全”。意思是批判地吸收古今中外的合理因素，融会贯通。所以，严复认为学生在中学阶段应以国学教育为主，大学阶段以西学为主。在安徽高等学堂，严复开始了他教育思想的首次实践。

二是经过严格的考试，淘汰程度太差的学生和不能胜任教职的教员。所有的学生重新考试分科，一次淘汰38名学生。1907年4月招预科新生，在校生共10个班284人。当时学堂经费岁入61675两白银，支出56460两，略有节余。严复亲自找每个教师谈话，实为考核，淘汰了一些滥竽充数的教员，另外几个东洋教习，经过严复一番过问，都得了不及格的评语，严复当着他们的面，板着面孔劝他们回日本再去学习。最后，聘用了合格的教员，加强了外语教学。

三是设师范速成班。鉴于当时安徽没有师范学堂，而省内各中学又急需教师，严复在学生中“择其年龄较长或程度较深者”，编成师范速成班，给他们集中开设中学课程和教育学等师范专业课程，一年后毕业输送到省内各府县中学堂任教。1907年1月首届学生毕业。

经过一番整顿，学堂面貌大变。尤其淘汰程度太差的学生的措施，使“全城震悚，语吾手辣”。严复给外甥女何纫兰的信中说：“然经此一番淘汰，学生知功课之重，且一切唯在求己，均无所用人情势力。此堂是后可望必成矣。”严复以为这些靠真本事的学生和扎实的学风，能够使学堂健康发展。

但严复的整顿，触犯了地方官吏绅士、有各种势力背景的教员、恐被淘汰的学生的利益。他们鼓动要毕业的学生闹学潮，提出“驱逐严蛮子，打倒周舅子”的口号。严蛮子指严复，说他过于严格。周舅子指严复的同乡、教务长周献琛，他是福州马尾船政学堂与英国皇家海军学院的毕业生，也是严复的校友。风潮越闹越大，最后只剩官界抚台恩铭、绅界姚永概敢支持严复。

看到这种情况后，严复愤然辞职。1907年6月8日，严复离开了安庆。严复辞职后，这所学堂又渐渐回到老样子，再也听不到朗诵英文之声了。

但是，凭严复的学识和声望，许多学校纷纷请他赴任。在履行安徽高等学堂监督职务之前，更著名的复旦大学已经邀他参与创办。

复旦大学第二任校长

复旦大学始建于1905年，原名复旦公学，是中国人自主创办的第一所高等学校。1903年，马相伯创建了震旦公学。1905年初，震旦公学因外籍传教士南从周篡夺校政发生风潮，于右任、邵力子等原震旦公学学生脱离震旦，拥戴马相伯在吴淞创办复旦公学，马相伯邀请热心教育事业的严复、张謇、熊希龄、萨镇冰、陈季同等28人为校董，筹集复旦建校资金。两江总督周馥拨银1万两，筹建新校舍，并借吴淞提督衙门为临时校舍。

严复和马相伯共同制定了“教授管理法”，就是后来的《复旦公马相伯，祖籍江苏丹阳，生于丹徒（今镇江市丹徒区），神学博士，耶稣会会员，授司铎神职。其弟马建忠为著名外交家，是与严复同一批赴欧洲的留学生，在法国学习国际法，同时兼任中国驻法公使郭嵩焘的翻译。

学章程》。聘请校董熊元锷和袁希涛分别担任管理职务。熊元锷是严复的得意门生，袁希涛后来担任北京政府教育部次长，还代理教育总长。

当年8月24日，复旦公学首次招生，严复和马相伯二人亲自主考。中秋节翌日，民办官助的复旦公学正式开学。严复代表校董，继马相伯校长之后，发表了演讲，严复担任英文翻译的教学任务。

复旦公学原本发展势头不错，但是也出现了问题。据严复说，这时偏偏出现袁希涛侵蚀公物数千元的事件，而且怪罪学生，实为不公。熊元锷竭力维持局面，可惜他在1906年2月得了重病，两个月后就去世了。熊元锷的去世，不仅是复旦公学的损失，也是严复的损失。熊元锷是江西最后一位解元，1900年拜严复为师，从此结下了深厚情谊。严复失去他，如孔子失去爱徒颜渊，都是最得意的弟子，却英年早逝。严复每每想起他和自己儿子严璸都会伤心落泪。

袁希涛这件事闹得很僵，马相伯不好处理，只能于冬夏之交辞职。学校董事会矛盾重重，学校濒临解散。关键时刻陈三立闻讯赶来。陈三立被誉为中国最后一位传统诗人，是晚清维新派名臣陈宝箴的儿子。陈三立的儿子、国学大师陈寅恪当时在复旦公学读书，陈三立在董事会中开展调解工作，并且慷慨解囊资助复旦公学，对这所学校的延续和发展起了重要的作用。

几乎在同一时间，这边复旦公学起风波，校长马相伯走人，那边安徽高等学堂以高规格迎接严复任校长。复旦风波平息后，人们就想起严复了。11月29日，复旦公学学生致函严复，恳请他出任复旦公学的校长。

12月6日，严复从上海到南京拜见两江总督端方，谈了学生对严复身兼两校校长的要求，并请政府支持。端方以“宾师之礼”推重尊崇严复，当面呈送请帖，邀请他次日到两江总督帅府共进午餐。端方还提出让次子继先拜严复为师，并谦虚说，若不是自己年纪太大，也应该拜他为老师。端方答应每月拨2000元给复旦公学作常年经费。严复还真的收了端方次子为弟子。

回上海后，严复正式接任复旦公学的校长。但他身兼两所大学的校长，确实力不从心。4月，操劳过度的严复患了肺炎，几乎到了病危的地步。5月，安徽高等学堂的学潮更令他心力交瘁。6月，严复抱病处理完安徽高等学堂学潮后，辞职离皖。7月，55岁的严复向端方提出辞去复旦公学的校长职务。但未获同意。

1908年初，越来越多远道而来的学生要求住校，严复一直努力解决校舍拥挤、匮乏的问题，但收效甚微。这时，安徽高等学堂对立派的阴招，也出现在复旦公学。对此，严复写诗讽刺：“而今学校多蛙蛤，凭仗何人与洒灰？”个别人教唆复旦老生反对严复，严复最讨厌这些“蛙蛤”小人，更坚定了离开复旦的决心。3月25日，直隶总督兼北洋大臣杨士骧函请严复任北洋政府顾问官，严复再次向端方提出辞职。

尽管学生们群起挽留，但严复去意已决。临走前，他推荐了三位继任校长人选，最后由江苏提学使夏敬观接任校长一职。

北京大学首任校长

辛亥革命爆发后，原京师大学堂总监督劳乃宣因为留恋清王朝，称病辞职，匿居青岛，发誓不做民国的官。1912年2月25日，严复临危受命，被袁世凯任命为京师大学堂总监督，3月8日到任，5月3日京师大学堂更名为国立北京大学，严复成为大学堂历史上的第十任、北京大学的首任校长。

京师大学堂成立于1898年戊戌变法期间，是光绪皇帝“废八股、兴西学”的重要举措之一。京师大学堂几次处在清政府统治危机的风口浪尖：校舍先被义和团改为神坛，后遭八国联军占领，学校关闭，师生流离，图书仪器散失。严复接任时，大学堂实际上处于瘫痪状态。

京师大学堂家大业大，每月至少要两万两银子才能维持正常开支。清代掌管财政事务的机构度支部和学部一文不给。严复极尽所能各方化缘，从华俄道胜银行借来了7万两白银，并且得到袁世凯批准，保证了学校能在5月15日开学上课，而同样面临经费不足困难的清华大学到8月才能开学。同时，严复把经、文二科合并为国学科即文科，文、法、商、农、工科各署学长一名。

5月15日那一天，北京大学举行隆重的开学典礼。818位学生，以及外国公使、教育部、税务司、各界专家、博士等来宾聚集在一起。教育总长蔡元培出席了开学典礼，他发表演说，强调“大学为研究高尚学问之地”。

没想到，6月初财务部发布通令，宣布京外各衙门及学校职教员月薪在60元以下者，一律照旧支付；而在60元上者，一律暂支60元。这一通令引起了北京大学教职员工的强烈不满，学校已有数月领不到经费，不少人请假离开学校，办学情况岌岌可危。

严复上书袁世凯和教育部，反对为了解决财政危机而紧缩办学经费。他提议：“除校长一人准月支六十元，以示服从命令外，其余职教各员，在事一日，应准照额全支。”严复的建议最终被采纳。

薪水风波刚刚平息，更大的风浪又接踵而至。7月7日，教育部以北京大学十年来没有什么成就、社会各界表示不满为由，决议停办北京大学。同时，教育部还颁行“北京大学结束办法”（九条），决定学生提前毕业，不授予学位，一律不招新生。

严复向教育部递交《论北京大学校不可停办说帖》，呼吁不可停办北京大学。严复认为，北京大学自创办以来，集中了当时最好的人才与最大的物力，经过十年的苦心经营，才获得了全国最高学府的地位，北京大学能够有今天，已属不易。虽然北京大学难以与世界名校相提并论，但在中国还是高水平的大学，通过努力可以有自己的特点和长处。大学是培养国家高级人才的地方，世界文明国家的著名大学多的有几十所，少的也有十几所，像北京大学这样的中国名校本来就没有几所，怎么能够停办？国家办北京大学这类大学的宗旨，是"兼保存一切高尚之学术，以崇国家之文化"，融合外国文明成果，它是继承和发展中国文化的必要措施。

对于北京大学当前存在的问题，严复在直呈教育部的《分科大学改良办法说帖》中，也提出了具体解决方法。提出了"兼收并蓄，广纳众流，以成其大"的办学思想，例如文科应该涵盖中西哲学，中外历史、舆地、文学等学科。

严复为维持北大生存与发展所作的努力，得到社会各界和广大师生的同情与支持。北大文、法、工、农四科的学生代表联名提出说帖或请愿书，抗议停办北京大学，支持严复的意见，有的甚至提出北大脱离教育部自行办学的建议。在北大师生的强烈反对下，7月10日，蔡元培主持的"全国临时教育会"撤销了教育部的原决议。8月26日，严复从比利时在华开设的华比银行借得20万两银子，使北大渡过了难关。7月29日，英国教育会议宣布承认北京大学及其附设的译学馆均为大学，伦敦大学也宣布承认北京大学，从而奠定了北大的国际学术地位。

在北京大学生命攸关的时刻，严复作为首任校长，尽他的全力挽救了北大。并对办学进行改革，提出的"兼收并蓄，广纳众流，以成其大"的思想，被后来的蔡元培校长发展为"北大精神"——"思想自由、兼容并包"。

然而，严复说“日必到校，实是渐已就绪”的好形势，突然出现变故。1912年10月7日，任职仅7个月的严复便辞去北大校长之职。原因如严复所说，主要是教育部以新任总长范源濂为首的留日派的排斥和心理不平衡，因为严复不仅拿了全薪，还有总统顾问官的收入。他们要想更换校长，但又怕总统不肯，教职工和学生反对。所以，就教唆一些人在报纸上造谣中伤严复。这和严复前两次任校长时的反对派的做法相似。严复以他的威望和学识，不怕没有人请他任更好的工作，另外以他孤傲的性格，也不容别人说三道四，于是愤然辞职。

严复除了在天津水师学堂20年始终主持校务外，后来三任校长，都是来去匆匆，历尽艰辛。这也从侧面说明严复的教育救国思想在当时中国险恶的社会环境下是非常难以实现的。

第十章

故里挚友

严复与中国近代史上的许多出身于福州的著名人物都是很好的朋友，例如林纾、陈宝琛、罗丰禄等社会各界的名流。

严复晚年生活的福州三坊七巷，2009年以高票获选首届“中国十大历史文化名街区”。从三坊七巷走出的历史文化名人有400多人，尤其在近现代，“一片三坊七巷，半部中国近现代史”。这些名人包括鸦片战争中的杰出爱国主义者林则徐，洋务运动中的第一任船政大臣、我国海军奠基人沈葆桢，戊戌变法中的伟大思想启蒙家严复和“戊戌六君子”林旭，辛亥革命中感动亿万热血青年的林觉民，五四运动点火者林长民等等……

林纾

在三坊七巷光禄坊的光禄吟台处，林纾童年在此生活。沈葆桢长女婿李端居住在这里，其子李宗言、李宗炜热爱藏书和赋诗，倡立福州支社。青年林纾与郑孝胥、陈衍、沈瑜庆、方家澍、卓孝复、周长庚等人常常在此即兴赋诗，每月约四五次，延续了十年。

严复在《甲辰出都呈同里诸公》长达40句的诗中，对闽籍故交作了极高的评价：

旧学沈沈抱根柢，新知往往穷人天。

共道文章世所惊，谁信闽人耻为名。

严复周围聚集着许多学贯中西、思想超前、虚怀若谷的故人。就在这三坊七巷里，林纾、陈宝琛、郑孝胥、罗丰禄、萨镇冰、叶祖珪、陈衍、沈瑜庆、刘冠雄等人都是严复的故交。

在这首长诗中，严复特别提到林纾翻译的《茶花女》：“可怜一卷茶花女，断尽支那荡子肠！”

康有为说“译才并世数严林”。严复发牢骚：康有为胡闹，天下哪有一个外国字不识的译才，还可以和他并列？林纾觉得不应该把严复的名字放在他之前，因为康有为这首诗是送给他的，严复不过是陪客。但严复逝世后，林纾自认为不如严复，写了一副挽联："齐名吾有愧，卢前王后，江湖犹是说严林。"

他们是密友，常常在一起品茗赋诗。1915年，袁世凯死后，因为"筹安会"之事，有传闻要通缉惩办严复，林纾心急如焚，多次到严复家劝他回福建避难，"甚至涕泣以逼"，后陪严复暂避天津。严复在逝世前一个月还称赞林纾："尽有高词媲汉史，更搜重译续虞初。"虞初是西汉小说家，虽然著作不存，但后世称他为小说创作的鼻祖。严复把林纾译作与虞初著作相比，说明都具有开创性的意义。

林纾在严复亡故后，率门生祭奠他，作《告严几道文》称赞严复："君才之大，实北溟之鹏。其振翼也，若垂天之云，水击三千里。"北溟之鹏是庄子《庄子·逍遥游》中说的，北海鲲鹏长几千里，鼓翅奋飞，它的翅膀像天边的云，水击三千里。林纾称赞严复才华精深如鲲鹏展翅，无比壮阔。

陈宝琛

陈宝琛故居在三坊七巷的文儒坊，与陈衍、何振岱同在一条坊巷，与衣锦坊的郑孝胥家仅有百米距离。

陈宝琛、郑孝胥都是清末民初学术界的泰斗式人物，郑孝胥、陈衍、何振岱为同光体诗坛领袖。陈宝琛、沈瑜庆、林旭等都是该派的著名人物。陈宝琛、郑孝胥又同为末代皇帝溥仪的老师。

1866年，21岁的陈宝琛中进士，选翰林院庶吉士，授编修。陈宝琛兄弟6人，3人进士，3人举人，人称"兄弟六科甲"。陈宝琛与学士

陈宝琛

张佩纶、通政使黄体芳、侍郎宝廷等好论时政，合称“清流四谏”。后陈宝琛被慈禧看好，升内阁学士兼礼部侍郎。因1885年中法战争“荐人失察”，陈宝琛被光绪皇帝骤降五级严加处分。他回福州后，用了20多年时间办教育，曾任鳌峰书院山长，和林纾、陈壁、力钧创建了福州第一所新式普通教育学校——苍霞精舍（今福建工程学院的前身）。1907年秋天，陈宝琛创立全闽师范学堂（今福建师范大学的前身）。1909年，再次奉召入京，总理礼学馆事宜。翌年，补授内阁学士兼礼部侍郎，以及经筵讲官、资政院议员。陈宝琛首发奏请为“戊戌六君子”平反昭雪。

严复对陈宝琛的人品非常欣赏，把他当作兄长和挚友。严复赞美他率直为民的高尚品格，称他：“尽黜才华见真性，总来辛苦为黎元。”

1880年，任武英殿提调官的陈宝琛向李鸿章推荐严复参与创办天津水师学堂。1894年甲午战争期间，陈宝琛正被贬在闽，严复给他写过三封长信介绍战场情况，并对战局发表评论，其中有肺腑之言和抨击时政的话，所以严复在两封信的落款署名分别为“名心照不具”和“名恕具”。陈宝琛当资政院议员时，刚好严复也是，两人更是无话不谈。辛亥革命爆发后，严复被派往武昌与革命党谈判。他把老百姓如何支持革命，黎元洪如何盛情接待，以及谈判的内容，都一一告知陈宝琛，就民国的宪法、国会、阁制等问题经常切磋。

1918年春，严复以“清风徐来”四字为韵，赋梅兰竹菊，请许多北京友人作诗唱，一时有百余人应和。严复三子严琥作有梅花诗一首唱和，并被评为咏梅压卷。当陈宝琛看到这首诗后，认为严琥才能出众，主动向严复提出愿为严琥说媒，介绍他妹妹陈芷芳的女儿林慕兰给严琥。1919年1月1日，严琥在严复故乡阳崎玉屏山庄娶林慕兰为妻。

林慕兰之父林尔康是台湾巨富。而林尔康和陈芷芳的次子林熊祥娶了陈宝琛四女陈瑜贞，他们的女儿林蒨又是林慕兰与严琥的儿媳妇，双方有很深的亲家关系。

严复逝世后，是陈宝琛给他写的墓志铭，高度评价了严复：

君于学无所不窥，举中外治术学理，靡不究其原委，抉其得失，证明而会通之。六十年来治西学者，无其比也。

陈宝琛说严复知识全面，无所不通，对于中外学理，都能够掌握其最本质的东西，取其精华，去其糟粕，融会贯通。近代研究西学的学者没有人可以与他媲美。

罗丰禄

罗丰禄故居也在三坊七巷文儒坊，可惜现在已经不存在了。

罗丰禄，字谡臣，著名翻译家、外交家。罗丰禄是将门之后，先辈历代为武官。严复和罗丰禄在福建船政学堂学习期间是同一宿舍，两人学习特别用功。罗丰禄之母深受中国传统文化教育，她严格要求儿子，每十天都写家书给他。谈的都不是生活的繁琐之事，而是立身行己、为学接物之道，以及生活上要勤奋的道理。罗丰禄与严复交情很深，经常把家书给严复看。严复也深受教育。1887年3月，严复为罗丰禄之母作《罗母陈太淑人七十寿序》，其中回忆了这段时期的情形。

罗丰禄

严复入学考试时是第一名，罗丰禄毕业大考时是第一名。时任船政大臣的沈葆桢十分赏识罗丰禄的才干，破格提拔他升任马尾船政学堂的教习。后学堂驾驶班12名毕业生到英国留学时，严复和罗丰禄、叶祖珪、萨镇冰都是这首批留英学生。罗丰禄以候选主事、翻译身份获选入士官学院学习，其他三人考入格林威茨皇家海军学院。

严复调任天津水师学堂时，罗丰禄已经成为北洋大臣李鸿章的幕僚，在北洋水师营务处工作，并兼任李鸿章的英文秘书，充当李鸿章的外交顾问兼翻译，同年4月任天津大沽船坞总办，1881年2月，经李鸿章奏请由候选主事升同知，赏加四品衔。后罗丰禄官至驻俄公使，授一品顶戴太仆寺卿，获得“荣禄大夫”封号。在天津期间，严复和罗丰禄、郑孝胥经常来往。严复和罗丰禄还在工作上互相配合。天津水师学堂的前四届驾驶班和前三届管轮班学员毕业大考，十余项课程由严复和罗丰禄部分命题，加上格林威茨皇家海军学院部分题目。他们还一起参加对考生的会考。

1903年，罗丰禄患鼻癌病故，终年51岁。严复对于好友英年早逝十分悲痛，写了挽联：“能事闻重译，传经固绝伦。”这对联来自杜甫两首长诗中的两句，充分肯定了罗丰禄作为外交家杰出的翻译才华和传播、交流文化的功绩。

叶祖珪、萨镇冰和刘冠雄

叶祖珪故居在三坊七巷杨桥巷，可惜现已被毁。萨镇冰少年时代生活在三坊七巷的黄巷，晚年住朱紫坊。刘冠雄故居在三坊七巷的宫巷，沈葆桢、沈瑜庆故居也在此巷中。

叶祖珪、萨镇冰和刘冠雄都是著名的海军将领。甲午战争中，北洋水师旗舰“定远”号船桅被折断，无旗宣令变阵，指挥失灵。“靖远”舰帮带大副刘冠雄急请管带叶祖珪升起司令旗，代替“定远”号指挥战斗，粉碎了敌人“聚歼清舰于黄海中”的企图。萨镇冰奉命守卫渤海湾口的日岛，日军以18艘舰艇分4批轮番进攻，萨镇冰始终沉着指挥反击，英勇抵抗了11天，最后接到命令才撤回刘公岛。辛亥革命后民国北洋政府好多届的海军总长由刘冠雄和萨镇冰轮流担任。严复担任海军协都统和一等参谋官多年，刘冠雄还真心实意谦让严复当海军总长，袁世凯没有答应。

严复办北洋水师学堂时，萨镇冰还是水师学堂教习。北方人海洋意识普遍不强，严复在天津难以招到学生，刚好叶祖珪率诸舰到马尾船厂检修，严复拜托他在福州城乡代为选拔15岁左右的优秀子弟来天津学习。叶祖珪不负重托，在众多报考者中挑选了30名，并亲率他们乘舰返回天津。严复亲自命题《西学之所以有用论》加以复试，结果全部合格录取入学。严复还时常将撰拟的诗词书写在扇面上赠给叶祖珪，叶祖珪对此十分珍惜，时常细吟观赏。叶祖珪把自己侄儿叶可梁介绍给严复的外甥女何纫兰，叶可梁后来成为严复主持的北京大学农科学长。

严复在马尾船政学堂学习时的同班同学，以及在英国留学时的

同学，历经马江海战、甲午海战后，其优秀者大都殉国或受到处分。叶祖珪、萨镇冰算是幸运的。1899年4月，慈禧特别召见叶祖珪和萨镇冰，并分别赏加提督、总兵衔。在重新任命官职之际，叶祖珪力荐萨镇冰为主，而萨镇冰则坚推叶祖珪为帅，他俩谦让之事，一时传为佳话。清廷最后定叶祖珪为北洋水师统领，萨镇冰为帮统。北洋水师统领衙门就设在天津紫竹林，当严复听说老朋友重新担当保卫海疆的要职时，极为欣喜，特意前往塘沽军港拜访。

叶祖珪

1905年，叶祖珪在巡视江防时劳累得病，7月29日病逝于上海。萨镇冰接任北洋水师统领，1909年被委任筹备海军大臣和海军提督。在所有老乡和同学中，严复与他的情谊保持得最久，从船政学堂、英国留学、天津水师学堂和后来的海军部，一直到严复逝世，从不间断。1918年，严复曾满怀深情地写道："距今五十许年，当时同学略尽，屈指殆无一二存者，回首前尘，塔影山光时犹呈现于吾梦寐间也。"两人在思想上互相倾慕，生活上互相关心。萨镇冰对严复翻译西方名著、传播西方先进思想的举动非常佩服，说严复翻译与众不同，不是读一本翻译一本，而是读了极多的西方名著，有的甚至反复读了几遍，才从中选择最适合国情、最有价值的书来翻译，因此，严复能够在译文中信笔驰骋，丝毫不拘泥于原文的结构，并写出按语，旁征博引，和原作者的旨趣相辉映，有些按语本身就是极好的文章。

严复续弦朱明丽时，萨镇冰曾力劝过他。严复晚年身体不好，萨镇冰送他人参滋补。1919年1月严复住阳岐玉屏山庄新居时，时任海军总长、福建清乡督办的萨镇冰，鉴于城郊四乡不宁，特地从城里派两名卫兵，负责保卫严宅的安全。

严复认为自己对萨镇冰了解最深，在为萨镇冰五十寿辰所撰的《萨军门五十寿序》中说："世之知军门者，莫我悉也。"对萨镇冰治军的严整精明和高尚的品格高度赞扬，说他一心为国为民："此所以身治海军十有余年，无寸椽尺土之储，而廉耻忠孝为朝野中所翕然无闲言者也。"

严复认定萨镇冰是全国上下公认的道德楷模。难怪海军将领谢葆璋的女儿、著名作家冰心也如此敬重萨镇冰："每一想他，就保留了我对于人类的信心。"

第十一章

惟适之安

严复在晚年时期，对中国社会的现状有了更深刻的反思和感悟，更加重视中国传统文化的内在精髓和精神价值。他一生的贡献也让世人有目共睹，得到了社会各界的一致好评。

由于年岁已高，身体每况愈下，严复的思乡之情越来越浓，对于中国传统优秀文化的回归，有了更深刻的领悟。

反思传统

在他生命的最后几年，他富有思辨的大脑思考最多的是什么？

严复青年时期接受西方先进思想，不遗余力翻译介绍西方名著，在苦难的中国掀起了思想启蒙运动的浪潮。虽然历经戊戌变法、辛亥革命，中国落后、贫困的状况为什么没有发生根本改变？

他与弟子熊纯如的信多达109封，是严复与他人通信最多的，而且是在严复的晚年，熊纯如是熊育锡的字，他是严复最得意弟子熊元锷的堂兄，1911年被严复收为弟子。严复给熊纯如所写的书信中，在政治、思想、个人生活等方面无所不谈，比较完整地反映了严复晚年的生活与思想。

1918年1月，严复给熊纯如的信中说道："中国目前危难，全由人心之非。"中国的危难，表面上是外国列强侵略、掠夺的结果。根源却是"人心之非"，就是国民的素质太差，人心坏了，没有凝聚力。

改造国民的素质，光靠西方思想行吗？严复认为不行，因为西方思想不能拯救人心。

严复在8月给熊纯如的信中说，看到欧洲发动的持续4年的世界大战，"觉彼族三百年之进化，只做到'利己杀人，寡廉鲜耻'八个字。"

拯救人心靠什么？严复认为需要孔孟之道，这不仅是他的看法，西方有思想的人，也渐渐悟出这一点。

为什么严复现在会领悟到这个道理？

1921年6月8日，严复收到一封信，那是长子严璩为亡母王夫人的忌日在北京设奠，四弟严璿、五弟严玷以反对迷信为由不肯拜，严璩把这一情况告诉了严复。7月9日，严复离生命的终点只有三个月时，给朱明丽生的四个儿女严璿、严珑、严顼、严玷写了一封长信批评他们。

严复晚年像

严复在信中回答了对所谓迷信的看法，他认为一切宗教都有迷信，甚至孔子纯为人世的道理，也有迷信因素。但是，不能抹杀它们的合理因素。

严复不愧是哲学家，教育子女的话总是包含哲理。他说，年轻人的思想往往不知道所有的事物都有两面，公说公有理，婆说婆有理，争持不下，“必待年齿到位，又学问阅历成熟，方解作平衡判断。”实际上，严复不仅是在教育子女，也说明了为什么他只有到了老年，才能对中国传统文化有了更深刻的认识：“异日一线命根，乃是数千年来先王教化之泽。”

中国近现代化的进程，先是洋务运动，从“器物”，即物质层面追求富强之路。甲午战争的失败宣告仅仅从物质方面追求是不够的，必须解决政治体制问题，于是人们把目光转向政治改革，出现了政治层面的戊戌变法和辛亥革命。然而，资产阶级的改良和革命，没有从根本上解决问题，中国还是落后、贫穷。严复经历了这个全过程，“年齿到位，又学问阅历成熟”，最早发现在文化层面改造国民性的重要性，而且不仅仅是西方文化，根源还是中国传统文化精髓，它才是中国人的灵魂所依。这个道理对今天的情况也有借鉴意义。

最后的日子

1918年12月9日，严复回到故乡阳岐。上一次是1893年第二次回福建参加乡试时，与叶大庄同行，从那时起至今不觉已经25年了。66岁的严复重返故乡，心潮澎湃，写了一首诗《怀阳崎》：

不反阳崎廿载强，李坨依旧挂斜阳。
鳌头山好浮佳气，碕角风微簇野航。
水鸟飞来还径去，黄梅香远最难忘。
何从更作莼鲈语，东海如今已种桑。

这首诗中倾注了严复对故乡的情感："不反阳岐廿载强，李坨依旧挂斜阳"，20多年未归故里，夕阳依然斜挂李坨山山边。"鳌头山好浮佳气，碕角风微簇野航"，鳌头山是阳岐村小山头，前有小河环绕，后有松林围抱，左有石岗，右有池塘。一年四季，鸟语花香，流水潺潺。严复的墓就选在鳌头山向阳处。崎角山在阳岐村外，紧临乌龙江，为阳岐最高山头，严复主持修复的尚书祖殿，是纪念南宋忠臣陈文龙的庙宇，就坐落在山南一侧。严复站在崎角山头，江风轻拂，俯瞰江面，归航船只簇拥着靠岸排列。"水鸟飞来还径去，黄梅香远最难忘"，江面上水鸟来回飞翔，家乡的数十株蜡梅，香味沁人心脾，一生无法忘却。"何从更作莼鲈语，东海如今已种桑"，莼鲈，即莼羹鲈脍，思莼鲈之味比喻游子思归故里。多年未归故里，家乡已是沧海桑田，物是人非了。

严复这次回乡，最重要的事情是亲自操办三儿严琥的婚事。陈宝琛的儿子陈几士闻讯从螺州老家赶来，协助办理。严复从一个游姓商人那里购置了一座原玉屏山庄的房子，作为严琥的新房。

1919年元旦一早，严琥到三坊七巷的杨桥巷去迎接新娘子林慕兰。大队人马鼓乐齐鸣、浩浩荡荡地簇拥着花轿，一路向阳岐乡走来。严复办了31桌酒席。原本他与儿子他们就住在玉屏山庄，后因为林慕兰不习惯乡下的寂静孤独，又思念城里的母亲，严复见儿媳流泪，心中不忍，便搬回福建督军李厚基为他购置的三坊七巷郎官巷的房子。林慕兰从此可以天天见到一巷之隔的母亲了。

1月11日（十二月初十），是严复的67岁诞辰。严姓族亲和亲朋好友一起安排为严复过生日，在他玉屏山庄家门口搭戏台，连演3天戏。

1月13日，是阳岐尚书庙所供奉的陈文龙的生日。严复对这位文天祥式的爱国英雄非常敬仰，便去行香。见尚书庙小而破败，认为“尚书公庙为阳岐通乡所托庇”，是乡亲灵魂所依，如此破损是为大耻，倡议重修尚书庙。社会贤达和乡亲纷纷响应。严复人生的最后两年，重修尚书庙成了他最为牵挂的事情。现在的阳岐尚书祖庙，不仅成了老百姓信仰的依归，而且还增添了严复、陈宝琛等众多历史文化名人的珍贵遗迹。

不久，严复夫人朱明丽和长子严璩来到福州，这是朱明丽第一次也是唯一一次来福州。1890年回闽为母奔丧至今，时隔29年，严复和夫人、儿子、儿媳妇们在福州一起过春节。由于长途回乡操办婚事、自己做寿等各项事情，严复原来的肺病又加重了。后来经过医治有了好转。他在清明节到阳岐鳌头山自己生圹、与原配王夫人合葬墓祭祀王夫人。

5月，严复同夫人朱明丽到上海，在医院里治疗了3个月。朱明丽先回北京，严复10月到北京，但病情依然没有根本性的好转：“吾体如破屋重修，不禁风雨。”此后常常进出医院。

1920年2月20日（正月初一），严复的孙子严觐祖在福州出生。严复闻讯大喜，立即在北京大院府胡同宅中举行空前盛大的庆祝，并写诗《元旦觐祖生》作为庆贺：

震旦方沉陆，何年得解悬？

太平如有象，莫忘告重泉。

后来严琥与林慕兰在三坊七巷故居又生了两男两女。

严琥曾先后进入北京清华大学和唐山工业专门学校学习，1937年起在福建协和大学等学校历任教授、系主任、教务主任和文学院院长等职。新中国成立后历任协和大学校务委员会主任、福州大学校务委员会副主任兼教务长、福州市副市长等职。1957年被错划为右派，1962年病逝，1984年福州市为他举行了隆重的骨灰安放仪式。

严琥的长子、严复的长孙严侨，曾就读于福建协和大学，新中国成立前加入中国共产党，1950年初，接受组织派遣，和妻子林蒨一起偷渡到台湾。1953年被捕，关进火烧岛，1961年由妹夫叶明勋保释。1974年病逝，终年55岁。他的学生、台湾著名人士李敖十分敬重他，与他结下深厚的师生情谊。李敖认为，“我总觉得严氏一门，正是中国现代史上最好的家传资料”。2003年国家民政部追认严侨为烈士。

1946年，林慕兰携二男二女赴台湾为兄长林熊征奔丧，林熊征既是严侨的大舅舅，也是林蒨的伯父，后林慕兰与严倬云等兄弟姐妹5人滞留台湾。

三孙女严倬云是严叔夏的长女，曾就读上海南洋模范中学，上海圣约翰大学毕业，1946年她与母亲到台湾，后与辜振甫结婚。1977年倡议组建台湾基督教女青年协会，任第一届会长，后又获得连任，现为台湾妇联会领导人。纵横台湾政商界超过50年的辜振甫，是一位传奇人物。

严复的四孙女严停云也曾就读上海南洋模范中学，上海圣约翰大学毕业，1948年到台湾，后与叶明勋结婚。严停云是台湾著名作家，笔名华严，是世界艺术文化学院荣誉文学博士，有《智慧的灯》《生

林慕兰（后中）与章振甫、严倬云（后排左一）及严停云、叶明勋（后排右一）夫妇合影

命的乐章》《七色桥》等20多部文学作品行世，荣获台湾文艺小说创作奖。其中《智慧的灯》在社会上广为流传。

1920年10月30日，为了避寒，严复与次女严璆回到福州郎官巷故居，当天就见到长孙严侨，非常高兴。但他的身体过于虚弱，“槁木死灰，惟不死而已”。他在第二年端午节间给熊纯如的信中说，还乡后，坐卧一小楼舍，只能看云听雨，临池遣日。书不能阅，时事寡谈，关注最多的是女儿的婚事和阳岐尚书庙修复的事。

1921年7、8两月，严复在鼓山避暑。10月3日，严复病情转重，喘咳加剧。他估计自己生命即将走到尽头，于是写下遗嘱：

须知中国不灭，旧法可损益，必不可叛。

须知人要乐生，以身体健康为第一要义。

须勤于所业，知光阴时日机会之不复更来。

须勤思，而加条理。

须学问，增知能，知做人分量，不易圆满。

事遇群己对待之时，须念己轻群重，更切勿造孽。

严复对西方“一战”现实的考察和西方思想的再反思后，留给后代的遗嘱中，交代他们应“扬弃”中国传统文化，在个人与国家利益发生矛盾时，国家利益高于个人等，值得当今的中国上下深思。

10月27日，因肺炎医治无效，严复逝世于郎官巷，享年69岁。

好评如潮

陈宝琛为严复撰写的墓志铭，结束一句是：“文章光气长垂虹”。一个伟大的大脑永远停止了思考。但是，正如孔孟之道、朱熹理学绵延千百年那样，代表一个时代的中华民族先进思想永远不会停止向前。严复思想将产生深远影响。

林纾在祭文《告几道文》中有一句：“君著述满天下而平生不能一试其长，此至可哀也”。作为盗火者的严复，他的思想在他生平无法实现，对严复来说是悲哀的事。但中华民族从此开始受到现代思想的启蒙，这是不幸中的幸运。然而，如何“一试其长”，还要在实践中发展，对严复思想进一步深入研究。

我国历史上的许多伟大人物和名人都曾对严复在中国社会进程中的贡献给予高度的评价：

康有为在《与张之洞书》中称严复“为中国西学第一者也”。

孙中山对严复非常尊敬，说：“君为思想家，鄙人为实行家。”

毛泽东曾在《论人民民主专政》一文中说：“洪秀全、康有为、严复和孙中山，代表了中国共产党出世以前向西方寻找真理的一派人物。”

梁启超称严复“于中学西学皆为我国第一流人物。”

林纾赞严复："君才之大，实北溟之鹏。其振翼也，若垂天之云，水击三千里。"

胡适评论道："严复是介绍西洋近世思想的第一人。"

习近平在《1993年严复国际学术研讨会论文集》的序言中，说严复是"中国近代思想文化史上里程碑式的巨人"。严复学贯中西的渊博思想值得深入挖掘。

每一个中国人都应该记住严复。

后 记

福建，山海相拥，人杰地灵，人文荟萃，英才辈出，产生了许多伟大的思想家、文学家、教育家、科学家和民族英雄、爱国先驱、革命将士、时代楷模。他们的教育成长、道德品行和思想文章，是福建的宝贵精神财富，教育和激励着一代代福建人努力学习、奋勇前行。福建省社会科学界联合会组织编写的“福建历史文化名人丛书”，以福建历史名人为题材，古今结合，意在从高处着眼、从基础着手，普及人文社会科学知识，促进人文道德养成，使社会科学知识走进大众、走进生活、走进现实，让更多的人了解福建历史名人，弘扬优秀传统文化，增强福建文化影响力和感染力，为建设文化强省添砖加瓦。

“福建历史文化名人丛书”（第一辑）所包含的朱熹、林则徐、严复、陈嘉庚、王审知、杨时、郑成功、黄道周、林语堂、林纾10个人物故事，记录了福建文化之于中国历史的影响，同时也以人物史的叙述方式生动地展现出中国人文精神的风骨和传统文化的传承。人物篇以人物生平为线索，在故事中体现传主的学问、事功、道德，凸显他们在中华文明进程中的重要作用，深入挖掘和阐发其内在精神，从而激起读者爱国爱乡的强烈情感，使之成为涵养社会主义核心价值观的重要源泉。

这套丛书以广大群众为读者对象，尤其是各年龄段的学生群体以及受过中等教育的读者，他们对这些历史名人的认知，大多来源于历史课本、乡土教材、文化景点和博物馆，很难形成具体、深入、系统的认识。丛书深入浅出，雅俗共赏，通过一个个生动精彩的故事带领读者走进福建历史，走入人文社会科学的知识殿堂，融故事性、知识性、趣味性、可读性于一体，对提升大众的阅读水平，普及社会科学知识、提高人文社会科学文化素养和思想道德素质有着积极的作用。

福建省社科联党组书记、副主席冯潮华对编撰出版工作提出明确要求，给予大力支持。省社科联党组成员、副主席缪建萍亲自指导本书的策划和编写。省社科联普及部的缪旭明、杨文飞、林彤、李培鋗等具体组织实施本丛书的编撰出版工作。

马照南、汪征鲁、林国平、刘传标、刘小新、王日根、茅林立、林焱、黄启权等专家学者对丛书写作大纲和书稿进行了认真审读，并提出了许多很好的意见和建议，在此表示感谢！

由于编纂出版时间紧，经验和水平有限，疏漏在所难免，敬请广大读者批评指正！

编委会

2016年2月